新 会社法
あなたの会社はこう変わる

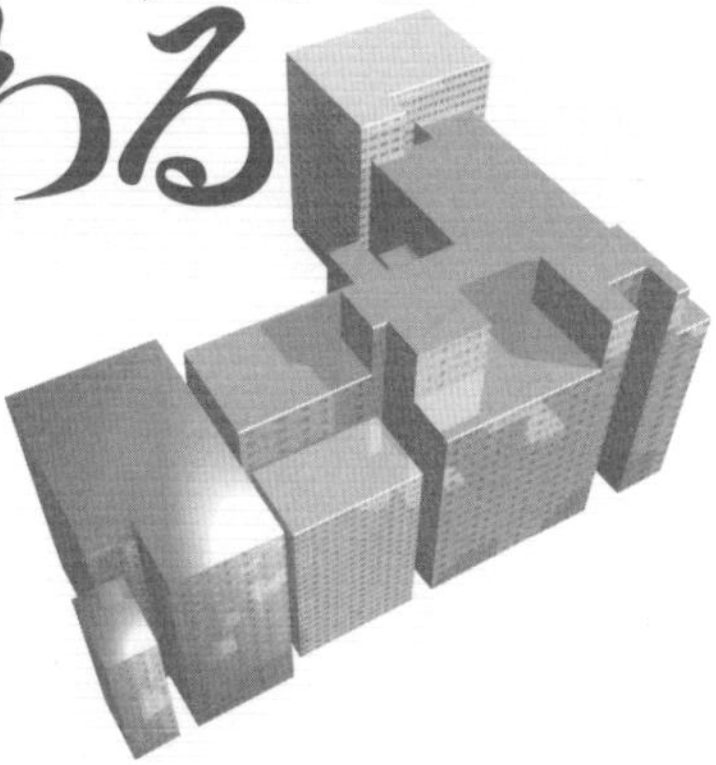

田宮合同法律事務所・弁護士
村上智裕
曙綜合法律事務所・弁護士
千葉 理

文芸社

はじめに

いよいよ会社法が施行されます。

あなたの会社の会社法対策は万全でしょうか。また、あなた自身の準備はいかがですか。本書は大幅に改正された会社法の施行に身構えてしまっている経営者、ビジネスマンのためのガイドブックです。

今般の会社法の全面改正は、ここ数年にわたって連続して行なわれてきた商法改正の集大成であると言われています。ではなぜ、商法について、なかでも特に「会社法」の部分が、繰り返し改正されてきたのでしょうか。

答えを一言で言うと、

「会社の規律はどうあるべきか」

との命題が、経済界をはじめ各方面において強く意識され始めたから、ということになります。逆に考えると、今般の会社法には、この命題に応えるべく、現代の英知と経済界の想いが詰まっているとも言えるのです。

したがって、会社法を学ぶこと、とくに改正部分の意味を理解しておくことは、現代社会を生き抜く皆さんにとって必ずや有益なものとなるはずです。

本書は、いわゆる学術書ではありません。

一般の経営者やビジネスマンにも簡単に会社法が理解できるように、わかりやすい記述を心がけました。子細な点や細かい改正はできるだけ割愛し、重要な要点だけに焦点をあてて説明・記述しています。また、専門的な用語には、各講のなかで注釈をつけて説明し、読者の便宜を図るべく工夫を凝らしています。もし、少ない時間で会社法の概要を知りたいという方は、各講の先頭に載せた「ポイント」部分のみを眺めてくださっても結構です。

本書が、少しでも、会社法を経済界に普及・浸透させ、そこで活躍する経営者やビジネスマンの皆様のお役に立てればと思っております。

平成18年3月

弁護士　村上智裕
弁護士　千葉　理

新会社法 あなたの会社はこう変わる——目次

第3章 会社の機関

第4章 株式・社債その他

第5章 会社財産の払戻・分配

第6章 その他の改正

第1章 変わる会社法

1講

ひとつにまとまる会社法

ポイント
◎会社法制の一元化（適用する法律を『会社法』に統合）
◎条文の現代化（ひらがな表記に変更）
◎整理された平易な文章で、理解も容易に

旧会社法制から新会社法へ

平成一八年五月より「会社法」が施行されます。

実は、これまで日本の法制には「会社法」という法律はありませんでした。

一般的に「会社法」というと、「商法（第２編）」「有限会社法」「株式会社の監査等に関する商法の特例に関する法律（通称「商法特例法」）」という三つの法律を指しての呼称にすぎなかったのです。

これら三つの法律は、それぞれ明治32年、昭和13年、昭和49年に施行されたもので、また、継ぎ接ぎ的に登場してきたので、適用についてたいへんわかりにくいものとなっていました。また、内容についても、さまざまな改正が加えられたとはいえ、経済界等各方面の要請に十分な対応ができないものになってきていました。

条文の表記にいたっては、カタカナ文語体で現代人にはわからないという悪評も囁かれていたのです。

このように、会社法の現代化が各方面から求められたのは時代の要請によるものでした。実際には、次のような観点から会社法の現代化が図られています。

(1) 利用者の視点に立った規律の見直し

法制とは利用者にとって使いやすいものでなければなりません。会社法の制定にあたってはこれを実現するため、とくに、日本の会社の大多数を占める中小企業やこれから新たに会社を設立しようとする者の実態を踏まえ、規制の見直しを行っています。この観点からの主な改正としては、次のものが挙げられます。

①株式会社と有限会社を1つの会社類型に統合し機関設計を自由にした

いわゆる非公開会社について、現行の有限会社型の機関設計の採用を認めるなど、株式会社における定款自治を拡大し、その規律の多様化・柔軟化を図っています。

②最低資本金制度を撤廃した

株式会社の設立に際して出資すべき額について下限額を撤廃することで、意欲と能力を有する者が新たに会社を設立しやすくしています。新たな企業政策の視点から、起業を推奨しようとする改正です。

(2) 会社経営の機動性・柔軟性の視点に立った規律の見直し

規制緩和が進み、経済活動の自由化がますます進化している現在において、企業が生き残っていくために何よりも大切なことは、企業それぞれが競争力をつけること、ということになります。競争力の強化には、会社経営の機動性・柔軟性を向上させること、取締役等の積極的経営、迅速な組織再編行為や資金調達などが欠かせません。会社法は、このような観点から、主に次のような改正を行なっています。

①組織再編行為に係る規制を見直した

組織再編行為に係る規制について、例えば、新たに「略式組織変更の制度」を創設し、また従来の制度をより利用しやすくするために要件を緩和させ、迅速かつ適切な組織再編行為を可能にしています。

②株式・新株予約権・社債制度を改善した

資金調達の円滑化を図る観点から、株式・新株予約権・社債制度を改善しました。株式の譲渡制限に係る定款自治の範囲を拡大し、新株予約権の消却対価として株式の交付を認めたこと、社債発行の自由化・円滑化に関する改正はこの趣旨によるものです。

③取締役の責任に関する規定を見直した

取締役の会社に対する責任について、無過失責任規定の見直し等を行い、委員会設置会社とそれ以外の株式会社との規律の整合性を図っています。

(3) 会社経営の健全化の確保の視点に立った規律の見直し

会社経営の健全化を確保することが重要であることは言うまでもありません。規制緩和が進み、市場原理に企業の生死が委ねられる今日だからこそ、株主、会社債権者の保護を図る観点からの改正が必要となってきます。

この観点からの改正としては、①株主代表訴訟制度の合理化、②内部統制システムの構築の義務化、③会計参与制度の創設、④会計監査人の任意設置の範囲の拡大等があげられます。

それでは以下で、個別に具体的な内容について見ていきましょう。

2講 有限会社の廃止

ポイント

◎有限会社が廃止され、株式会社の一種（株式譲渡制限会社で、かつ、取締役会非設置会社）として扱われる

◎経過措置で従来の有限会社は特例有限会社として存続可能

有限会社の廃止

会社法は、従来のように大会社と中小会社とに分ける一律の資産・負債基準を設けて会社を分類する手法をとらず、別々に定められていた株式会社と有限会社の規律の一体化を図っています。これによって会社は、会社の規模、経営実態や企業ニーズに応じた柔軟な会社組織設計ができるようになりました。

その一方で、会社法は、株式譲渡制限の有無という基準を新たに設けました。この株式譲渡制限会社（公開会社（2条5号）でない株式会社）には、取締役会の設置を強制されていません。

このような基準の中で、従来の有限会社は、株式譲渡制限会社で、かつ、取締役会を設置しない会社（取締役会非設置会社）である有限会社的な株式会社として扱われることになります。このように、会社法は株式会社の中で有限会社的な会社形態を認めたため、有限会社という会社形態は廃止されることになりました。

既存の有限会社の取扱い

今回の改正で、有限会社形態は廃止されますが、この改正を従来の有限会社に一挙に適用すると、経済界に混乱を招くことは必至です。そこで、会社法施行時に現に存在している有限会社（旧有限会社）については、次のような経過措置をとることになっています。

まず、旧有限会社はすべて、会社法の施行の日以後、何ら手続を採ることなく会社法上の株式会社として存続します（会社法の施行に伴う関係法律の整備等に関する法律（以下整備法）2条1項）。

そして、既存の有限会社の定款、社員、持分及び出資1口が、存続する株式会社の定款、株主、株式及び1株とみなされます（整備法2条2項）。

その上で、整備法は株式会社への定款変更をしないで、そのまま有限会社として存続し続ける旧有限会社を「特例有限会社」とする特則を設けています。したがって旧有限会社にあっては、(1)この特則を適用する場合と、(2)商号変更を行ない、設立登記をすることで、通常の株式会社に移行する場合との2つの選択肢が用意されていることになります。

(1) 特例有限会社の場合

株式会社に移行する手続きを煩雑と考える旧有限会社も多数存在するはずです。このことに配慮し、旧有限会社には一連の経過措置、特則が適用されます。

主なものは、次の通りです。

①依然、商号中に「有限会社」という文字を用いなければならない（整備法3条）

②特例有限会社の定款には、株式を譲渡するには特例有限会社の承認を要する旨、及び株主が取得者の場合には、承認があったものとみなす旨の定めがあるものとみなす（整備法9条）

③株主総会以外の機関の設置については、取締役のほかには、監査役以外は認められず、取締役会は設置できない（整備法17条）

(2) 商号変更による通常の株式会社への移行

特例有限会社も、通常の株式会社に移行することが可能です（整備法45条、46条）。その場合はまず、定款を変更して、その商号中に株式会社という文字を用いる商号の変更を行ない、その定款変更を株主総会で決議します。そして、所定の期間内に、当該特例有限会社について解散の登記をし、商号変更後の株式会社については設立の登記を行ないます。

今後、旧有限会社が、このような有限会社から株式会社への移行手続きをどんどん進めるのか、もしくは特例有限会社として存続し続けるのかは、現時点では見通しが立っていません。しかし、既存の有限会社のほとんどが特例有限会社でなくなる状況が来たときには、経過措置は廃止されることが考えられます。

第2章 会社の設立

3講

最低資本金制度の撤廃

ポイント

◎最低資本金制度が撤廃され、1円で会社の設立が可能に

最低資本金制度（次ページ参照）は、本来の目的である債権者保護にあまり役に立っていないことが指摘されていました。債権者保護のためには、会社の財務状況を示す資料の開示制度や剰余金の分配規制を充実させることのほうが効果的であるとの認識が一般的です。そこで会社法では、最低資本金制度を完全に撤廃して「1円」でも会社の設立が可能になりました。

会社法第27条4号では、定款上に「設立に際して出資される財産の価額又はその最低額」の記載のみを求めているだけで、下限の定めはありません。ここに「1円」とか「100万円」などと記載することになります。

最低資本金制度が撤廃されると、会社の設立が容易になります。会社設立のための資金はないけれど、優良な技術やノウハウをもつ人たちの起業が促進されるはずです。また、ファンドビジネスなどでよく利用されるＳＰＣ（Special Purpose Company）などのように一定の特別目的のためだけに設立され、もともと債権者が資本金そのものに興味をもたない会社も設立しやすくなります。

さまざまなタイプの会社設立が促進されれば、将来における日本経済の活性化や国際競争力の回復に対する効果が期待できます。

最低資本金制度とは

さて、本講で取り上げた「最低資本金制度」ですが、どのような制度なのかをここに紹介しておきましょう。

株式会社には「株主有限責任」の原則があります。この原則にしたがえば、会社の財産的基礎は会社所有の財産だけになります。会社には一定額の財産が保有されることが、会社財産を唯一の担保とする会社債権者のためにはもちろん、会社自身のために望ましいこ

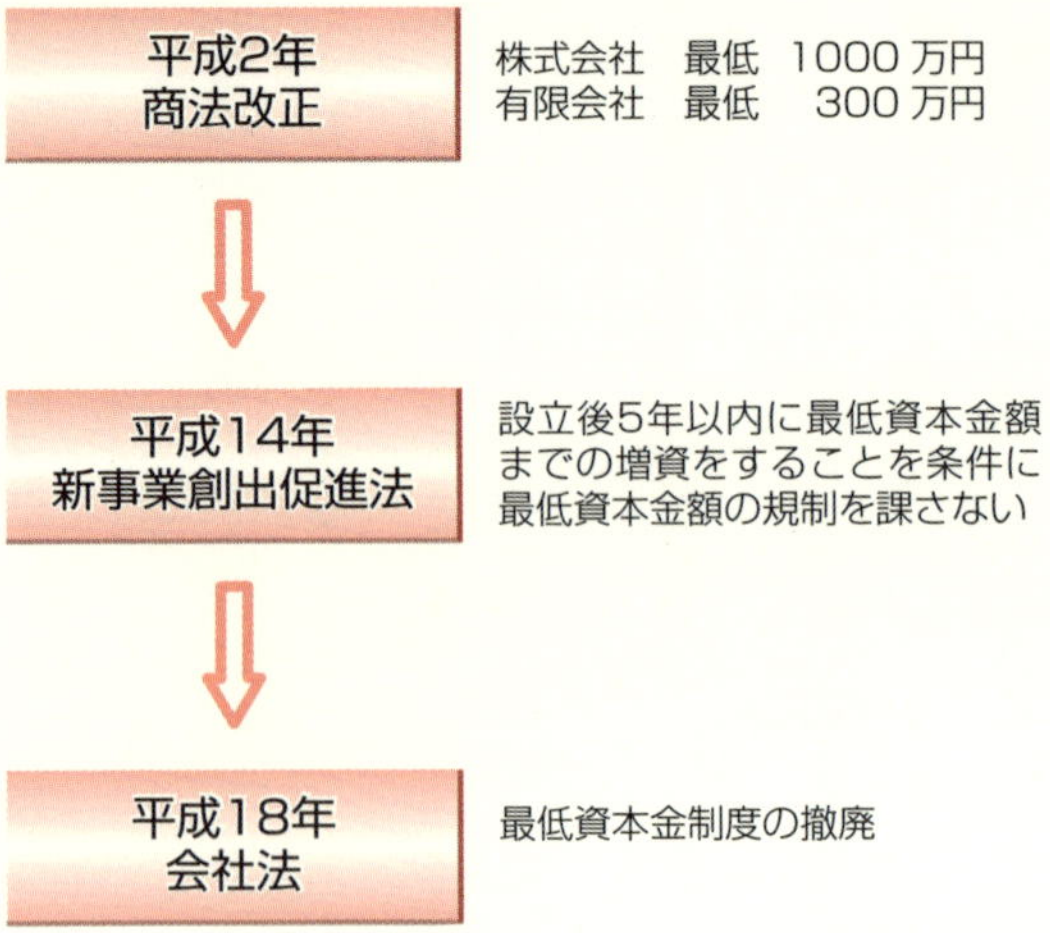
平成2年
商法改正
株式会社　最低　1000 万円
有限会社　最低　300 万円
平成14年
新事業創出促進法
設立後5年以内に最低資本金額
までの増資をすることを条件に
最低資本金額の規制を課さない
平成18年
会社法
最低資本金制度の撤廃

最低資本金制度の推移

とになります。

　そこで、採り入れられたのが、資本金制度（会社財産を確保するための基準となる制度）です。この基準となる金額、つまり資本金額があまりにも小さいと債権者保護や会社運営に対して弊害があります。そこで商法では、平成2年の法改正によって、資本金総額に対して最低金額を設定しました（最低資本金制度）。株式会社については1000万円、有限会社については300万円が要求される最低金額です。

　ただ、最低資本金制度は、会社設立の際に資本という基準額に相当する財産がなければならないという1つのハードルに過ぎません。会社設立の「後」は、常に最低資本金額に相当する純資産が会社に存在することを求めているわけではありません。

また、この制度の採用された平成2年はバブル経済のなかにありました。今とは1000万円の重みが異なります。バブル後は、この最低資本金制度が、新しく会社を設立しようとする者にとって、大きな障害となってしまいました。

＊株主有限責任 株式会社の株主は会社に対して株式の引受価額を限度とする出資義務を負う以外に、会社の債務について責任を負わないこと

＊資本金 会社債権者保護のために会社財産を保護する目的で、株主の出資を一定額以上会社財産として保有させる制度の基準となる金額

最低資本金制度の特例（平成14年）

平成14年に、新事業創出促進法が施行されました。この法律では、ベンチャー企業等の創業を支援、振興する目的で、会社設立後5年間は最低資本金制度の規制が課せられないという特例制度が設けられました。

つまり、株式会社1000万円、有限会社300万円という最低資本金額が用意できなくても会社設立が可能になったのです。例えば、「1円」という資本金額でも会社を設立す

ることができるようになったのです。

ただし、この制度では設立後5年間以内に、最低資本金額まで増資するという制約がありました。もし、その額を用意できなかった場合は、せっかく設立した会社を解散または組織変更しなければならないのです。

つまり、この段階では、最低資本金制度は緩和されたとは言えますが、完全に撤廃はされていませんでした。

4講

検査役の調査が不要となる場合の拡充

ポイント
◎設立時に検査役の調査が不要になる特例の要件緩和
◎事後設立における検査役の調査制度の廃止

現物出資・財産引受の場合

(1) 少額財産の特例

旧商法では、会社設立時の現物出資・財産引受については、原則として検査役の調査が必要とされて、設立手続の1つのハードルとなっていました。例外として、その目的財産の価額の総額が「資本金の5分の1以下」かつ「500万円以下」の場合に限り検査役の調査が不要でした。これは、取締役による事後的な塡補責任で補える程度の金額であれば、

	旧商法	会社法
少額財産の特例	「資本金の5分の1以下」かつ「500万円以下」 ⇨	「500万円以下」
有価証券の特例	「取引所の相場のある有価証券」 ⇨	「市場価格のある有価証券」

検査役の調査が不要となる要件の緩和

わざわざ検査役の調査を必要としなくてもよいと考えられていたからです。

しかし、この規定には少なからず問題を含んでいました。例えば、取締役が補える塡補責任額と会社の資本の大きさには関係がありません。さらに、この規定によると、資本の少ない会社、例えば資本金300万円の会社の場合、100万円の現物出資でも検査役が必要となり、車両などの高額なものは検査役の調査が必要になってしまい、敬遠されがちでした。

会社法では最低資本金制度が撤廃され資本の大きさを基準とすることが無意味になったこともあり、「資本金の5分の1以下」という要件を廃止し、金額要件（500万円以下）に一本化されました（33条10項1号）。

今回の改正で、小資本でスタートするけれど資本金をなるべく多くする場合や個人事業でもそれなりに営業用資産をスムーズに引き継ぐ場合に有効になるでしょう。

＊現物出資　金銭以外の財産による出資

＊財産引受　発起人が会社の成立を条件として特定の財産を譲り受けることを約する契約

(2) 有価証券の特例

旧商法では、現物出資等の目的財産が「取引所の相場のある有価証券」の場合は、その相場以下の価額で出資がなされる場合には、検査役の調査が不要とされていました。

会社法では、取引所で取引されているものだけでなく、店頭市場など市場の相場がある有価証券を広く取り込む趣旨で、「取引所の相場のある有価証券」から「市場価格のある有価証券」に改正されました（33条10項2号）。

	旧商法	会社法
事後設立規制の内容	検査役の調査 ＋ 株主総会の特別決議	株主総会の特別決議
事後設立規制の対象となる営業用財産の規模	資本の5%以上	純資産の20%以上

事後設立規制の緩和

事後設立における調査制度の廃止

事後設立には、原則として、「株主総会の特別決議」と「裁判所の検査役の調査」が必要とされていました。

事後設立に係る検査役の調査は、平成2年の改正において、資本充実の観点から会社が取得する財産価額の適正性を確保する目的で導入されました。しかし、調査に多額の費用を要することや調査期間も長期にわたり、迅速な財産移転が難しくなるなど、事業の運営に対して著しい障害になるという問題点が指摘されていました。

そもそも、会社財産が一般の取引によって害されるのは設立年数とは関係なく起きる問題です。また、会社が事業活動によって取得する財産価額の適正性の判断は、取締役が会社の業務を行なう上での重要な判断です。このように考えると、事後設立による予想される弊害は取締役の善管注意義務の範囲内の事柄であり、事後設立において検査役による調査を維持する合理性は乏しいと言えます。

そこで会社法は、事後設立に係る検査役の調査制度を廃止しました。

なお、事後設立の場合に、事後設立規制として株主総会の特別決議が必要である点には変わりありません。ただし、その株主総会の特別決議が必要となる場合の営業用財産の規模要件が変わりました。従前は「資本の5％以上」でしたが、会社法では純資産の20％以上に緩和されました。これは株主総会の特別決議が必要とされる営業譲渡の基準に合わせたものです。

＊事後設立　会社の成立後2年以内に、会社成立前から会社に存在する高額の営業用財産を取得する契約を締結する行為

5講

発起設立の場合、払込保管証明が不要に

ポイント

◎発起設立では、払込保管証明以外でも払込の証明が可能に

旧商法及び旧有限会社法上では、株式会社及び有限会社を新たに設立する際は、設立の登記を行なう際に、銀行または信託会社による「払込保管証明」が必要とされていました。しかし、この払込保管証明の発行は、会社設立には時間がかかる理由の一つとして問題になっていました。

本来、払込金については、払込がなされたことが手続きに関係なく証明されれば十分のはずです。例えば、発起設立の場合では、出資者全員がその出資された財産の保管に直接携わることができます。財産の保管について特段の措置を設けなくても会社の設立・運営に支障が出ることはあまりありません。

また、最低資本金制度が撤廃され、そもそも会社に資産があるかどうかの確認をする必要が減りました。

発起設立の場合の資本金額は、払込金保管証明以外でも払込証明が可能に

会社法は、発起設立の場合には、払込の証明のための払込金保管証明を必要とせず（34条1項）、残高証明や払込証明書による払込証明を可能としました。

ただし、募集設立の場合には、従前と同様に、払込金の保管証明が必要です（64条1項）。募集設立は、設立手続の主体者でない者が出資を行ないます。また、会社が成立以前なので、出資の対象である株式会社が未だ法的主体となっていない状態です。このようなことから、募集設立の場合には出資者が出資した財産の保管状況を明らかにする必要が高いのです。

＊発起設立　設立に際して発行する株式の総数を発起人のみが引き受ける場合

＊募集設立　発起人は設立に際して発行する株式の総数の一部のみを引き受け、残りについて他の株主を募集する場合

6講 設立手続に関するその他の合理化

ポイント
◎定款の絶対的記載事項の合理化
◎「発起設立」と「募集設立」の条文の適用関係の明確化
◎設立時取締役・設立時監査役として、設立時の取締役と監査役の責任が明確に
◎引受担保責任と払込担保責任の撤廃と失権制度の導入で設立が迅速・柔軟に

定款の絶対的記載事項の合理化

会社法では、株式会社の原始定款には、次の①から⑤の事項を記載しなければならないと定められています（27条）。

①目的（1号）

②商号（2号）
③本店の所在地（3号）
④設立に際して出資される財産の価額またはその最低額（4号）
⑤発起人の氏名又は名称及び住所（5号）

旧商法で原始定款の絶対的記載事項とされていた「会社が発行する株式の総数」「会社の設立に際して発行する株式の総数」「会社が公告を為す方法」の3つが今回の会社法では削除されました。

そもそも設立時に、出資される財産の総額に関係なく、発行する株式総数のみを先に決定すべきとする旧商法の規定は合理的ではなく、柔軟性に欠けるものでした。また、最低資本金制度を撤廃した会社法の下では、設立に際して発行する株式の総数を定款に記載することの実益はもはやありません。

そこで、会社法は「会社が発行する株式の総数」及び「会社の設立に際して発行する株式の総数」を定款の絶対的記載事項から除外し、「設立に際して出資される財産の価額またはその最低額」を記載すればよいことになりました。なお、除外された「会社が発行する株式の総数」は、「発行可能株式総数」（37条1項）と用語変更がなされて残りましたが、原

旧商法166条1項	会社法27条
株式会社の定款には左の事項を記載又は記録することを要す。	株式会社の定款には、次に掲げる事項を記載し、又は記録しなければならない。
1 目的	1 目的
2 商号	2 商号
3 会社が発行する株式の総数 →	削除（ただし、発行可能株式総数（37条1項）に）
4 削除	
5 削除	
6 会社の設立に際して発行する株式の総数 →	4 設立に際して出資される財産の価額又はその最低額
7 削除	
8 本店の所在地	3 本店の所在地
9 会社が公告を為す方法 →	削除
10 発起人の氏名及住所	5 発起人の氏名又は名称及び住所

定款の絶対的記載事項に関する旧商法と会社法の内容対比

始定款ではなく、会社の設立時までに追加・変更可能な事項となりました。

そして、除外された「会社の設立に際して発行する株式の総数」の代わりに「設立に際して出資される財産の価額またはその最低額（4号）」が絶対的記載事項となったのです。設立時発行株式の数は、この財産額を基準に発起人全員の同意で定めることになります（32条1項1号）。

設立の分類

会社の設立には「発起設立」（発起人が設立時発行株式の全部を引き受けて会社を設立する方法）と「募集設立」（発起人が設立時発行株式を引き受けるほかに、設立時発行株式を引き受ける者の募集をして会社を設立する方法)があります。旧商法では、両者を混在させた形で条文が規定されていました。そのため、条文の適用関係がはっきりしないという弊害がありました。

これを解決するために、会社法は、両者の適用される条文を整理し、明記しました(25条1項)。

いずれの設立方法を採るかは、設立しようとする会社の規模によることが多いようです。

設立時取締役・設立時監査役

旧商法下では、設立過程における業務執行等の決定を行なう者として、発起人以外で「取締役」や「監査役」の用語が用いられています。ここで言う設立前の「取締役」や「監査役」は、会社設立後の「取締役」「監査役」とその性質において明らかに異なります。異なるものであるにもかかわらず同じ用語が使用されていることで混乱を招くこともありました。

また、設立過程での発起人と、設立前の「取締役」「監査役」とでは、職務領域の区別も不明確でした。

そこで、会社法では、設立後の「取締役」「監査役」と設立前の「取締役」「監査役」を明確に区別できるような用語を使っています。これまで設立前に使われていた「取締役」「監査役」は「設立時取締役」「設立時監査役」という用語に変わりました。このことで、これまで不明確だった概念が整理されたのです（38条）。

概念の整理に伴い、設立時取締役がなしうる職務は、設立手続の調査（46条、93条）等の法律・定款に定められた事項に限定されました。それ以外の設立に関する事項は、発起人の職務となりました。発起人が設立中の会社を代表し、職務を決定し、決定した職務を執行するということになります。このように、会社法では両者の職域が明確に整理されています。

失権制度の導入で設立が迅速・柔軟に

発起設立の場合の発起人は、発行株式の引き受け後遅滞なく出資にかかる金銭の全額を払い込まなければいけません（34条1項）。現物出資の場合は、その全部を給付しなければなりません。また、募集設立の場合の募集株式の引受人は、発起人が定めた払込の取扱い場所において、定められた払込期日または払込期間中（63条1項）に、引き受けた株式の払込み金額全額を払わなければいけません。

引受や払込がなかった場合について、旧商法の下では、「引受担保責任」「払込担保責任」の規定があり、発起人あるいは取締役が引き受けることになっていましたが、会社法ではは撤廃しています。なぜなら払込がなかった場合には、出資を履行しない発起人及び設立時募集株式引受人は株主となる権利を喪失するという失権制度を導入したからです（36条3項、63条3項）。会社法では最低資本金制度を撤廃し、定款の記載でも「設立に際して出資される財産の価額またはその最低額」で足りるとされているので、当該価額または最低額を充たしていれば問題ないのです。これにより、会社設立が迅速に行なわれることになります。

＊引受担保責任と払込担保責任

旧商法下では、設立に際して発行する株式の総数は定款の絶対的記載事項だった。これにより株式の発行数が確定した数となっていたので、設立の過程で、株式を引き受けた者から株主となる権利を失わせる（失権）のは適当でないとの立場が採られていた。そこで、会社設立後に「引受」未了の株式があった場合には、発起人及び設立当時の取締役がこれを引き受けたものと見做した（引受担保責任）。また、会社成立後に「払込」未了の株式があった場合には、発起人及び設立当時の取締役は連帯して払込義務を負うものとされていた（払込担保責任）。

第3章 会社の機関

7講 自由度の増した株式会社の機関

ポイント

◎株式会社の必要的機関は、「株主総会」及び「取締役」のみとされた
◎株式会社の機関構成が多様化する
◎会計監査人はすべての会社で設置可能に
◎新しい機関「会計参与」の新設

旧商法においては、株式会社の必要的機関は、原則として、「株主総会」「取締役会」「監査役」であるとされていました。

これに対して会社法は、このワンパターンの原則を取り払いました。

会社それぞれには個性があります。会社法は、会社それぞれの個性に応じて、柔軟に機関設計を行なえるように、機関の組み合わせパターンを多様化したのです。

この改正によって、株式会社の必要的機関は、「株主総会」及び「取締役」だけというシンプルなものになりました。極端な場合、取締役が一人で、あとは株主総会しかないという株式会社も存在しうるようになりました。

機関構成の自由度の増した会社法の下では、さまざまなパターンの機関構成が考えられます（次ページの図参照）。

機関構成のポイント

会社の機関構成に関してのポイントは、次のようになります。

(1) 株式譲渡制限会社では、原則として、取締役会は任意機関になる

旧法下では、「取締役会」は、必要的機関でした。

しかし、会社法で取締役会が必要的機関とされるのは、「①監査役会設置会社」「②委員会設置会社」「③公開会社」においてのみです。①②③に該当しない株式譲渡制限会社においては、取締役会は、任意の機関とされました。

		大会社									大会社以外の会社(中小会社)							
		株主総会	取締役	取締役会	監査役	監査役会	三委員会	会計監査人	会計参与		株主総会	取締役	取締役会	監査役	監査役会	三委員会	会計監査人	会計参与
非公開会社										⑦	○	○						△
非公開会社										⑧	○	○	○	○				△
非公開会社	①	○	○		○			○	△	⑨	○	○	○	○	○		○	△
非公開会社										⑩	○	○	○					○
非公開会社										⑪	○	○	○	○				△
非公開会社										⑫	○	○	○	○	○			△
非公開会社	②	○	○	○	○			○	△	⑬	○	○	○	○			○	△
非公開会社	③	○	○	○	○	○		○	△	⑭	○	○	○	○	○		○	△
非公開会社	④	○		○			○	○	△	⑮	○	○	○			○	○	△
公開会社										⑯	○	○		○				△
公開会社										⑰	○	○	○	○	○			△
公開会社										⑱	○	○		○			○	△
公開会社	⑤	○	○	○	○	○		○	△	⑲	○	○	○	○	○		○	△
公開会社	⑥	○	○	○			○	○	△	⑳	○	○	○			○	○	△

△は任意に設置が可能

●公開会社と非公開会社

「公開会社」とは、一部でも譲渡制限のない株式を発行している株式会社のことです。これに対して、「非公開会社」とは、公開会社でない株式会社、つまり、すべての種類の株式が譲渡制限株式である株式会社のことをいいます。

●大会社とそれ以外（中小会社）

「大会社」というのは、

①最終事業年度に係る貸借対照表に資本金として計上した額が５億円以上であること

②同貸借対照表の負債の部に計上した合計額が２００億円以上であること

のいずれかに該当する株式会社のことです。なお、会社法では、「みなし大会社」は廃止されています。

39パターンの機関構成

(2) 取締役会設置会社では、原則として、監査役を設置しなければならない

「監査役」も、基本的に任意機関とされました。

もっとも、取締役会を置く会社で、ほかに「会計参与」や「三委員会」を置かない場合には、監査役は必要的機関となります。

また、監査役を複数置くかどうかや、監査役会を設置するかどうかなどの判断も、原則としては任意とされています。ただし、「取締役会非設置会社」では、監査役会は設置できません。

＊三委員会　委員会設置会社に設置される3つの委員会のこと。具体的には、「指名委員会」（株主総会に提出する取締役の選解任に関する議案内容の決定権限を有する）、「監査委員会」（取締役・執行役の職務執行の監査や株主総会に提出する会計監査人の選解任に関する議案の内容の決定権限等を有する）、「報酬委員会」（取締役・執行役が受ける個人別の報酬の内容の決定権限を有する）のことを指す。

(3) 会計監査人は、すべての会社に設置できる

「会計監査人」とは、旧商法の下では大会社及び中会社のみに設置することのできる機関でした。

しかし、会社法は、会計監査人について、すべての会社において、設置可能な機関であるとしています（なお、大会社の場合は、旧商法と同様に、会計監査人の設置は会社の義務とされています）。これによって、すべての会社が会計監査人を設置することによって、「うちは会計監査人の監査を受けている」という信用力を利用することができるようになりました。ただし、会計監査人を設置する場合は、監査役（会）または三委員会を設置しなければなりません。

(4) 新設された機関「会計参与」

「会計参与」とは、会社法で新たに設けられる機関です。公認会計士（監査法人を含みます）または税理士（税理士法人を含みます）の資格を持ち、取締役と共同して計算書類等を作成することをその職務とするものです（詳しくは、14講を参照）。

会計参与は、株式会社の規模にかかわらず、任意に設置できる機関とされています。

(5) 公開大会社の機関

公開の大会社については、大きな変更はありません。委員会設置会社以外の会社においては、従来どおり株主総会、取締役会、会計監査人の設置が必要とされています。

8講

株主総会に関わる改正

ポイント

◎取締役会非設置会社における株主総会は、大幅に合理化することが可能となった
◎株主総会について、従来の不備が是正された

譲渡制限会社における株主総会を合理化するための規程

7講で述べたように、譲渡制限会社では、取締役会を設置しなくてもよくなりました。極端な話、会社の機関として、取締役が1人と、あとは株主総会しかない株式会社も存在しうることになったのです。

会社法はこれにともない、取締役会非設置会社について、その実態、ニーズに応じた株

主総会の運営が可能となるように、取締役会設置会社と異なる規定を設けることにしています。

取締役会非設置会社における株主総会の具体的な特徴は、次のとおりです。

(1) 取締役会非設置会社の株主総会では、強行法規に反しなければ、どのような事項でも決議することができる

取締役会非設置会社では、取締役会が設置されない以上、株主総会に取締役会に代わる権限を認めるしかありません。そこで会社法は、取締役会非設置会社の株主総会は、株式会社に関する一切の事項について決議することができると規定しました。これによって、取締役会非設置会社では、株主総会が、最高かつ万能の機関となります。

(2) 取締役会非設置会社では、株主総会の招集通知は、会日の1週間前までに発すれば足りる

会社法では、公開会社でない株式会社（取締役会非設置会社に限りません）は株主総会の招集通知を、会日の1週間前までに発すればよいことになりました（旧商法では2週間）。

また、その会社が取締役会非設置会社の場合には、さらに定款で期間を短縮できるようにしています。

非公開会社や取締役非設置会社の場合、会社と株主の関係が比較的密接です。そこで、このような実効性・機動性が優先された規定が設けられました。

(3) 取締役会非設置会社では、株主総会の招集通知も簡易に

取締役会非設置会社が発する株主総会の招集通知には、書面通知の規定がありません。したがって例えば、口頭や電話でこれを行なってもいいことになりました。

このように、取締役会非設置会社では、株主総会の招集通知の書面発送自体が任意になったため、招集通知を書面で発しないこととした場合には、会議の目的である事項を記載したり記録したりすることも不要となります。これにともない、従来は、定時総会の招集通知に貸借対照表などの「計算書類」や「事業報告」を添付する必要があるとされていたところを、取締役会非設置会社においてはこれも省略することができるようになりました(なお、取締役会設置会社においては、依然、書面通知が必要です。したがって、会社法においても、取締役会設置会社では、「計算書類」や「事業報告」の添付は当然に必要とされることになります)。

(4) 取締役会非設置会社では、株主すべてに、議題提案権、議案提案権が認められる

取締役会非設置会社では、株主は単独株主権として、議題提案権（株主総会に対して議題を提案する権利のことです）と議案提案権（株主総会の目的である事項について、株主が提出しようとしている議案の要領を株主に通知することを会社に請求する権利のことです）を有することになりました。

なお、議案提案権の行使については、株主総会の会日8週間前に請求することが要件とされているので注意が必要です。

株主総会全般に適用がある改正点（取締役会非設置・設置にかかわらず適用のある改正点）

株主総会に関しては、先にも述べたように、会社の規模にあわせた株主総会の運営を可能にすべく、取締役会非設置会社での取扱について大幅な改正がなされました。しかし、株主総会についての改正はそれだけではありません。

取締役会非設置会社以外の会社の株主総会についても規定が整備されています（これらの規定は、取締役会の設置・非設置にかかわらず、当然、すべての会社に適用されることになりま

す）。

(1) 株主総会の招集地が自由に

旧商法では、株主総会の招集地について、「本店の所在地またはそれに隣接する地」、あるいは「定款に記載のある場所」に限定していました。このため、本店所在地が地方の場合、定款で開催場所を定めていなければ、株主総会はその地方で開催するしかなく、結果として、多くの株主が総会参加を阻害されるという弊害が生じていました。

今般の会社法は、これらの制限を廃止し、株主総会の開催地を自由に選択できるようにしています。より開かれた株主総会を実現するためです。

(2) 議決権を有する株主が1000人以上の会社には、書面投票制度を義務づけ

「株式会社の監査等に関する商法の特例に関する法律」（商法特例法）は、議決権をもつ株主の数が１０００人以上の大会社に対し、書面投票制度（株主総会に出席できない株主が招集者に対して、総会の議案の賛否を総会の前日までに書面にて提出し、議決権を行使する制度のことです）の採用を義務づけていました。しかし、大会社でなくとも、議決権をもつ株主が

多数いる会社であれば、できるだけ多くの株主の意見を株主総会に反映させる要請があることは同じです。

そこで、今般、議決権をもつ株主が１０００人以上いるような会社では、大会社でなくとも、書面投票制度が義務づけられました。

(3) 議決権行使書面の交付を要しない場合を創設

旧商法の下でも、電子メールを用いて株主総会の招集通知を送信することが認められていました。また、電子メールで投票を行なうこともできました。しかし、書面投票制度の採用が義務づけられている会社では、電子メールで招集通知を送ることにしても、それに加えて、議決権行使書面も発しなければならないとされていたため、結局、書面を送付するという作業を省くことができず、処理が煩雑になっていました。

そこで、会社法は、書面投票制度が義務づけられる会社においても、電子投票制度を採用した場合、株主総会の招集通知を電子メールで受け取ることを承諾した株主に対しては、わざわざ議決権行使書面を交付しなくてもよいことにしました。ただし、株主からこれらの書類の請求があった場合は、その株主に対しては書類を交付しなければなりません。

(4) 株主提案権の行使基準を緩和可能に

取締役会設置会社において、株主提案権を行使するためには、従来、総株主の議決権の100分の1という比率基準か300個以上の議決権数基準のいずれかを、6カ月前から引き続き満たしていることが必要とされていました。また、株主提案請求については株主総会の会日の8週間前までにすることが必要とされていました。

しかし、会社法は、100分の1という比率基準、300個以上という議決権数基準、6カ月の保有期間という基準、8週間の期間の基準について、いずれも定款においてこれを下回る基準を定めることができる、としています。

(5) 会社自身も総会検査役の選任を請求できる

旧商法は、株主総会の招集手続や決議方法を調査させるための総会検査役の選任の請求ができるのは、株主のみとしていました。しかし、会社法は、株主のみならず株式会社自身もこれができると規定しています。

また、会社法によって、裁判所は会社に対して、総会検査役の調査結果を総株主に通知するよう命令できるようになりました。

これによって、会社または株主から検査役選任の申立を受けた裁判所は、総会検査役を選任して調査を行なわせ、必要があるときには、株主総会の招集を命じ、または、調査結果を株主に通知するよう会社に命じる、といった一連の措置をとることができるようになりました。

9講 取締役が変わる

ポイント
◎取締役の員数、任期、資格、選任・解任の要件、権限が大幅に改正

取締役の員数が変わる

旧商法は、株式会社の取締役の員数について、会社の規模に関係なく、3人以上でなければならないとしていました。

それに対して会社法は、取締役の員数について、原則として1人で足りるものとしています。今回の改正により有限会社は廃止されますが、取締役の員数については、従来の有限会社における1人という員数を原則とすることにしたのです。

ただし、取締役会設置会社においては、取締役は従来どおり3人以上でなければならな

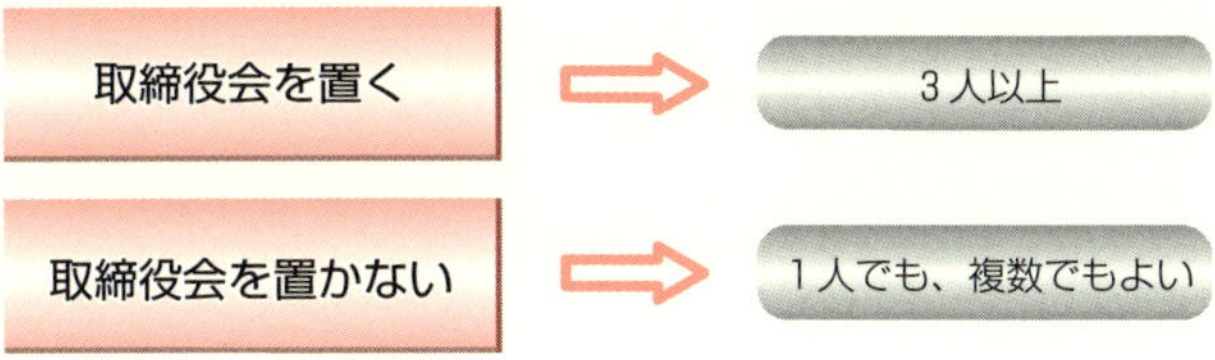

取締役の員数

いとされています。

取締役の任期が変わる

取締役の任期は、原則2年とされました。

さらに株式譲渡制限会社では、定款で取締役の任期を10年まで延長することも可能とされました。

従来、有限会社では、取締役の任期の最長期間については制限がありませんでした。これは通常、オーナー社長が経営にあたる有限会社においては取締役の適任性を定期的に問うという意味が薄いと考えられていたことによるものでした。しかし、このような実態があるのは、有限会社に限られるものではありません。株式会社にも同様の実態をもつものが多く存在します。そこで今般、株式譲渡制限会社に限っては定款をもって任期を10年まで伸長できるとしたのです。

なお、委員会設置会社の取締役の任期については、選任後1年以

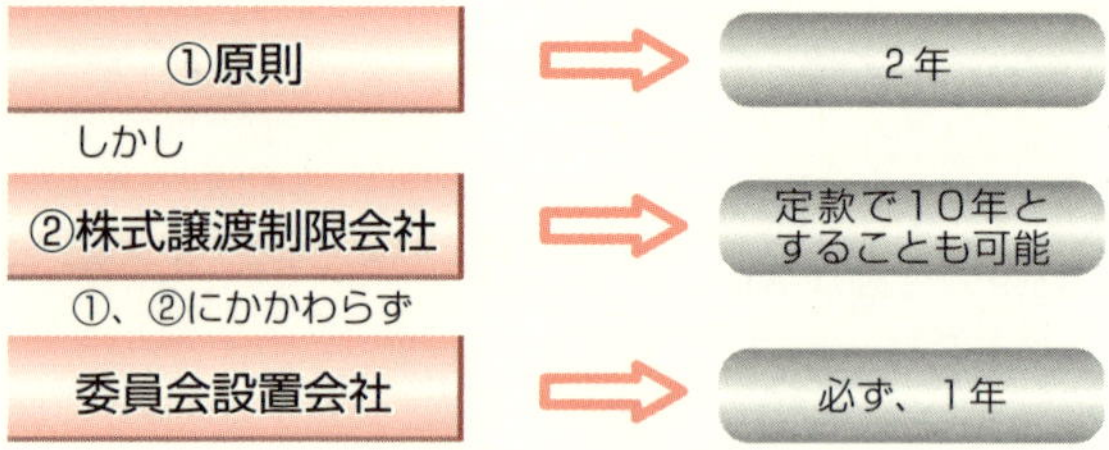

取締役の任期要件

内に終了する事業年度のうち最終のものに関する定時株主総会の終結の時までとされています。これは、従来と変わりありません。

取締役の資格が変わる

旧商法の下では、「破産手続開始の決定を受け復権せざる者」（破産手続中の人のことです）は取締役になることはできませんでしたが、会社法はこれを改め、破産手続中の者でも取締役になることができるものとしました。これによって、例えば、会社の債務を個人保証し、思わぬ負債を負ってしまった経営者でも早期に再起の機会を与えられることが期待されています。他方、新たに証券取引法や各種倒産法の違反者については、取締役にふさわしくないとされ、今般、新たに欠格事由とされました。

また従来、株式会社は、定款によっても取締役の資格を株主に限ることはできないとされていましたが、会社法は、株式譲

（旧）特別決議（2／3） ⇒ （新）普通決議（1／2）

ただし、累積投票制度により選任された取締役には特別決済（2／3）が必要

取締役の解任要件

渡制限会社に限り、従来の有限会社法と同様に、取締役の資格を株主に限定することを認めました。株式譲渡制限会社では、株主相互間の関係が強いと考えられること、株主の変動が少ないと考えられることがその理由です。

取締役の選任・解任の要件が変わる

取締役の選任・解任決議の定足数、取締役選任についての累積投票制度については、従来、株式会社と有限会社とで規律が異なっていました。会社法はこれを統一した規律にしています。

取締役の選任・解任決議は、原則として、普通決議によるものとされました。これによって株主総会による取締役の解任が容易になり、株主の取締役に対するコントロール権が強化されると考えられています。なお、監査役については、従来と変わりありません（選任については普通決議、解任については特別決議のままです）。監査の実効性を高めるためには、監査役の身分の安定を図る必要があるためで

す。

もっとも、累積投票制度により選任された取締役の解任に限っては、やはり特別決議が必要です。

＊普通決議　議決権を行使できる株主の議決権の過半数を有する株主が出席し（定足数）、出席した株主の議決権の過半数をもってする決議のこと。

＊特別決議　議決権を行使できる株主の議決権の過半数を有する株主が出席し（定足数）、出席株主の3分の2以上にあたる多数をもってする決議のこと。

＊累積投票制度　少数株主の地位を強化するための制度で、株主はその有する株式1株につき、その株主総会において選任する取締役の数と同数の議決権が認められるとする制度のこと。

取締役の権限が変わる

取締役会非設置会社では、代表取締役を定めることができますが（定款、定款の定めに基づく取締役の互選、株主総会決議により決められます）、これをしない場合、すべての取締役に代表権と業務執行権があることになります。

また、共同代表制度はトラブル防止の観点から廃止されることになりました。

＊共同代表制度 複数の代表者がいる場合、代表者であっても単独では代表権を行使しえず、必ず「共同」で代表権を行使しなければならないとする制度のこと。この制度が廃止されたことにより、会社の代表者はすべて、原則として、単独で代表権を行使できるもの、と信頼できるようになった。

10講 取締役の責任が変わる

ポイント
◎取締役の責任が原則として過失責任とされた
◎取締役の責任全般について、みなし行為責任が廃止された

取締役の責任は「原則」過失責任

旧商法では、取締役の会社に対する責任については無過失責任（過失のあるなしにかかわらず責任を負わなければならない責任のことです）とされていました（ただし、旧商法においても、「法令や定款違反」による取締役の責任については過失責任とされた）。しかし従来、この責任については、あまりに重過ぎるとの批判がありました。

そこで会社法は、旧法において無過失責任とされていた取締役の会社に対する各責任（違

取締役の責任	旧商法	会社法
違法配当	無過失責任	過失責任（立証責任の転換）
株主の権利行使に関する利益供与	無過失責任	過失責任（立証責任の転換） ただし、当該利益を供与した取締役は「無過失責任」
金銭貸付	無過失責任	――――
利益相反取引	無過失責任	過失責任（立証責任の転換） ただし、「自己のために会社と直接にした」利益相反行為は「無過失責任」
法令・定款違反（任務懈怠責任）	過失責任	過失責任

取締役の責任（無過失・過失の別）

法配当、違法な利益供与、利益相反取引）について、原則として過失責任（故意・過失があったときにのみ責任を負う責任のことです）とすることにしました。

また、あわせて従来、無過失責任とされていた一連の重要な行為については、立証責任を転換するなどの特例を設けることにしています。

以下に、主なものについて説明をします。

(1) 利益相反取引について

会社法では、旧商法で無過失責任であった利益相反行為について、「自己のために会社と直接にした」利益相反行為と、それ以外に分け、後者（すなわち、「第三者のため」の利益相反行為者と「間接取引において会社と利益が相反する場合」です）については過失責任としています（なお、「自己のために会社と直接にした」利益相反行為を行なった取締役は、依然、無過失責任を負うとされています）。もっとも、「それ以外」の利益相反行為であっても、立証責任の転換がなされています。すなわち、利益相反取引を行なったものは、事前に取締役会の承認を得ていたとしても、それによって損害が生じた場合には、自己の無過失を立証できなければ、「過失があった」と推定され、結局、損害賠償責任を負うことになってしまうのです。

また、任務懈怠を推定されてしまうのは、その取引に関する取締役会の承認決議に賛成した取締役も同様です。

＊「自己のため会社と直接にした利益相反行為」とそれ以外

利益相反行為の分類方法には、①「自己のため」の行為か「第三者のため」の行為か、②直接取引か間接取引か、の2つの基準がある。①自己のためか否かとは、文字どおり、その行為が自分の計算でなされたか、他人の計算でなされたか、が分岐点とされる。また、②直接取引とは、「会社からお金を借りる」というような、まさに会社と直接取引を行うものであるのに対し、間接取引とは、直接取引以外の利益相反行為、すなわち「会社が取締役の債務につき、取締役の債権者に対して保証契約をしたり、債務引受を行ったり」というような会社と第三者の間の行為ではあるが、実質的には会社と取締役との間の利益が相反する行為のことをいう。

(2) 競業取引について

利益相反取引と異なり、競業取引については、会社法に過失の推定規定はありません。したがって、競業取引によって会社に損害が生じた場合に、損害賠償の責を負うのは、当該取引について故意・過失のあった取締役のみということになります。

また、取締役が競業取引規制に違反した場合について、旧商法は「介入権」の制度を認めていましたが、会社法はこの「介入権」を廃止しています。

(3) 株主の権利行使に関する利益供与について

会社法は、株主の権利行使に関する利益供与に関与した取締役は、供与した利益の価額に相当する額を会社に支払う責任を負うとしています。

この責任のうち、過失責任とされているのは「利益供与に関与した取締役」すなわち、当該利益供与についての取締役会決議等で賛成した者の責任についてです（さらに、過失責任といっても、過失の立証責任が転換されているので、当該取締役は、自分が無過失であることを立証しなければ責任を負うことになります。また、任務懈怠を推定されてしまうのは、取締役会の決議に賛成した取締役も同様です）。自ら、当該利益を供与した取締役の責任については、なお無過失責任であるとされています。

（4）違法配当について

違法配当に関与した取締役においても、配当した価額に相当する額について責任を負いますが、この責任も過失責任とされています。

もっとも立証責任は転換されているので（過失があったと推定されるのは、取締役会の決議に賛成した取締役も同様です）、自らに過失がないことを立証しなければ責任を免れることはできません。

みなし行為責任の廃止

旧商法は、取締役の責任全般について「ある行為が取締役会の決議に基づいてなされた場合、その決議に賛成した取締役はその行為をなしたものと看做す」としていましたが（いわゆる「みなし行為規定」と呼ばれていました）、会社法はこれを原則、廃止しています。その結果、会社法では、取締役会の決議に賛成したこと自体に、任務懈怠が認められる場合に限って取締役としての責任を負うことになりました。

もっとも、過失について立証責任に転換がされている場合（具体的には、利益相反取引、株主の権利行使に関する利益供与、違法配当の場合）については、個別に「みなし行為規定」が定められており、取締役は、自分に過失がないことを立証しなければ責任を免れることができないことについては先に述べたとおりです。

11講

取締役会が変わる

ポイント

◎取締役会に持ち回りの書面決議が導入可能に
◎内部統制システムの構築の基本方針が取締役会設置会社においては取締役会の専決事項とされ、大会社については同システム構築の基本方針の決定を義務づけられた

取締役会に持ち回りの書面決議が導入可能に

旧商法は、取締役会の決議方法について、取締役の過半数が実際に取締役会に出席して、出席取締役の過半数をもって議決することを要するとしています。

会社法でもこれを原則にすることには変わりありません。

もっとも、実務的には、迅速かつ機動的な会社経営の実現のために、従来認められているテレビ会議方式・電話会議方式（いずれも会議自体は開催しなければなりません）以外に、会議自体を開催しないで済む方法、すなわち、持ち回り書面決議を認めるべきとする要請が強くありました。

そこで、今般、会社法は、一定の要件の下、すなわち、

①取締役会の決議の目的である事項について、全員が書面または電子メールにより同意の意思表示をなしていること

②業務監査権限を有する監査役が設置されている会社の場合には、各監査役が特段に異議を述べていないこと

③持ち回り書面決議または電子メールによる決議ができる旨をあらかじめ定款に定めていること

の3つの要件を満たすことによって、取締役会決議を省略することができることにしています。

もっとも、この制度を導入したとしても、すべての取締役会を持ち回りによって決議できるということではありません。業務執行取締役による取締役会への定期的な業務状況の

報告に関する取締役会については、実際に会議を開催する必要があります。また、特別取締役による決議（詳しくは、16講参照）についても持ち回り書面決議は認められません。

なお、監査役会、委員会設置会社の各委員会においては、従来どおり書面決議は認められていません。

＊業務執行取締役による取締役会への定期的な業務状況の報告に関する取締役会

取締役会設置会社の業務を執行する取締役として選任された取締役が、3カ月に1回以上、自己の職務の執行の状況を報告しなければならない取締役会のこと。

内部統制システムの構築の義務づけ

内部統制システムとは、企業不祥事等の発生を防止し、企業価値を高めるために、経営者が社内コントロールする仕組みのことをいい、①業務の有効性及び効率性、②財務報告の信頼性、③法令の遵守を目的としています。

従来、内部統制システムに関しては、内部統制システム体制を構築・運用することが取締役の善管注意義務違反がないことの一つの根拠とされうるといった議論がなされていました。会社法はこの議論を受けて、内部統制システムの決定を取締役会の専権事項とした上で、内部統制システムの構築の基本方針の決定を大会社の義務としたのです。

したがって、今後、大会社においては同システムを構築していないということは、その事実をもって取締役の任務怠慢の責を追及されることにもなりかねません。注意が必要でしょう。

12講 株主代表訴訟が変わる

ポイント

◎会社の損害を意図する代表訴訟は提起できない
◎「不提訴理由の通知制度」の創設
◎株式交換・株式移転等によって、株主でなくなったものが原告適格を喪失しない場合についての規定を創設

代表訴訟を提起できない場合の法定化

株主代表訴訟（会社法では、株主代表訴訟の名称は「責任追及等の訴え」と改められています）については、かつて平成5年に制度利用の活性化を趣旨とした改正が行なわれて以降、訴訟は増加、活発化したものの、他方、内紛、売名、嫌がらせ等を目的とした濫訴的株主代

表訴訟も増加し、何らかの歯止めをかける必要が生じていました。

旧商法ではこの点、明文がなかったところ、会社法では、株主が自己もしくは他人の不正な利益を図り、または会社に損害を加える目的を有する場合には、株主代表訴訟を提起できないという明文を置き、その要請に応えています。

＊株主代表訴訟　会社が取締役に対して有する損害賠償請求権を、株主が会社に代わって行使する訴訟のこと。具体的には、会社が取締役に対する請求を行っている場合に、6カ月以上引き続き株式を有する株主は会社に対して、取締役に訴えを提起するよう請求できる。もし、会社が60日以内に訴えを提起しないときには、株主自らが取締役に対して、その債務を会社に履行するように訴えを提起することができるとされている。

新たに不提訴理由の通知制度を創設

会社が、株主から取締役等の責任について提訴請求を受けたにもかかわらず、60日の提訴期間中に訴えを提起しなかった場合には、会社は、その請求者に対して、訴えを提起しなかった理由を書面をもって通知しなければならなくなりました。

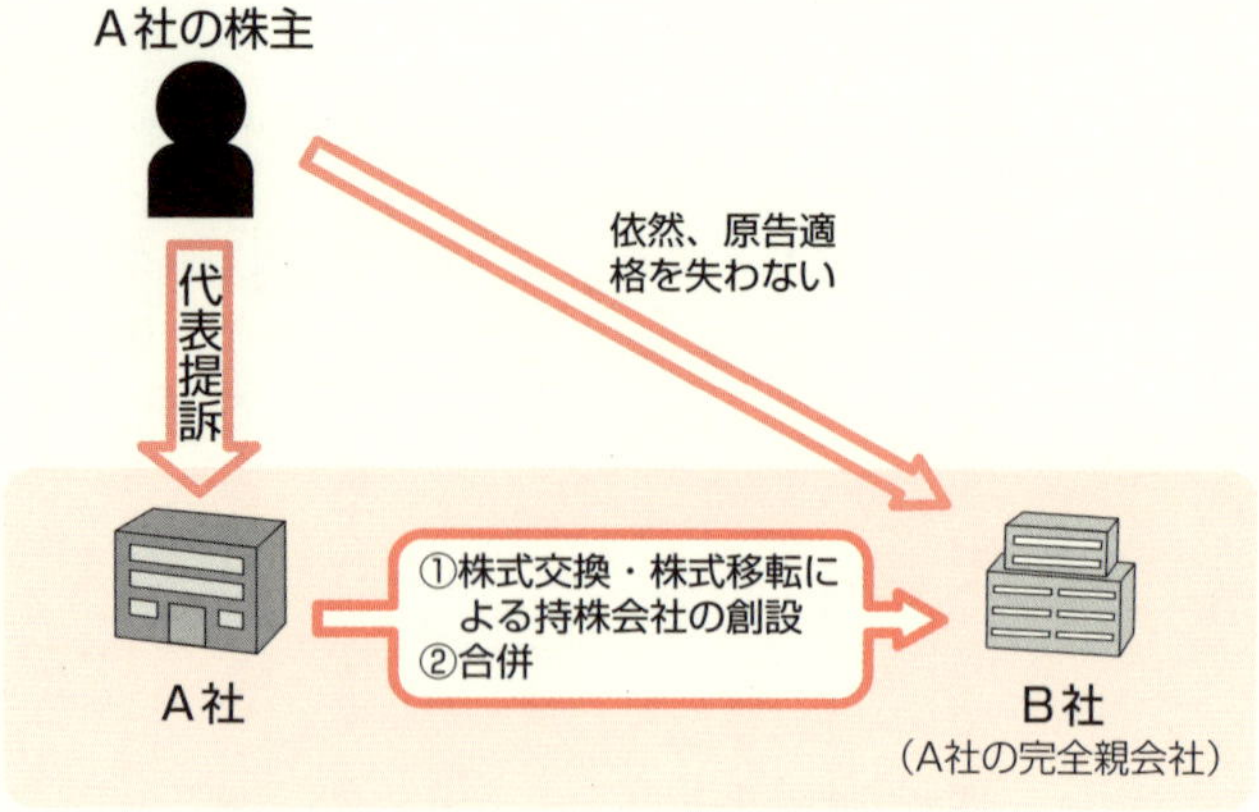

株主ではなくなった者の訴訟係属

会社法は、この制度の創設によって、会社の監査体制が充実されることを期待しています。この制度によって、会社が提訴しなかった理由が裁判所や外部の批判にさらされると予想されます。これらの批判に耐えられるよう、会社としてはより慎重な対処をするようになるだろうと考えられているのです。

原告適格の喪失についての見直し

会社法は、次の①②の場合であっても、当該原告は、株主代表訴訟の原告適格は喪失しないことを規定しています。

①株式交換・株式移転によって完全子会社になる会社について株主代表訴訟が係属中である場合

②合併により消滅会社となる会社につき株主代表訴訟が係属中である場合

従来、①②の事態が生じた場合は、株主の原告適格は喪失し、当該訴訟は却下せざるをえないとする考えが支配的でした。

しかし、その結論では、相手方に対し恣意的に株主代表訴訟を終了させる途を与えることになり、不都合であると言えます。

そこで会社法は、かかる不都合を解消する目的で、①②の事態が生じても原告適格は喪失しないものと規定したのです。

＊原告適格　訴訟において、訴える側の当事者（原告）となる資格のこと。この資格がなければ、いかに訴訟を提起しても、訴え自体が不適法なものとして却下されてしまう。

13講

監査役が変わる

ポイント
◎監査役の権限が「業務監査権限」まで拡張される
◎非公開会社では、定款で監査役の任期を10年まで延長できる

監査役の権限が変わる

旧商法では、小会社及び有限会社の監査役の権限については会計監査権限に限定される、とされていました（その他の会社では、会計監査権限のほかに、業務監査権限を有するとされていました）。

これについて会社法は、監査役の権限について、原則、「会計監査権限」のほかに「業務監査権限」も含まれるものとし、例外として、非公開会社については、定款によって、会

業務監査権限を有する監査役が設置されていない株式会社の株主の業務権限

・裁判所の許可なく取締役会の議事録を閲覧可能

・取締役が株式会社の目的の範囲にない行為、その他法令もしくは定款に違反する行為を行ない、または行なうおそれがある場合、取締役会を招集可能

監査役の業務監査権限

計監査権限に限定することができる、としています（もっとも、非公開会社であっても、監査役会または会計監査人を設置する株式会社においては、監査役の権限を会計監査権限に限定することはできません）。

また、業務監査権限を有する監査役が設置されていない株式会社においては、株主の監査権限が強化されています。このような会社では業務執行の適正を確保する必要があるところ、その権限を株主に与えることが適当であるとされたのです。

この場合、各株主は、

①裁判所の許可なく、取締役会の議事録を閲覧できる

②一定の場合（例えば、取締役が会社の目的以外の行為や定款違反の行為を行なった時等）には、取締役会の招集を請求し、または自ら招集できる

との権限を有します。

また、このような株主権の実効性を確保するために、会社に著しい損害のおよぼすおそれのある事実を発見した取締役は、これを株主に報告する義務を負うこととされています。

＊会計監査と業務監査　監査業務には、計算書類のチェックをするものと取締役の業務執行をチェックするものとがある。前者が会計監査であり、後者が業務監査である。

監査役の任期が変わる

監査役の任期は、従来どおり４年（正確には、選任後４年以内に終了する事業年度の内、最終のものに関する定時株主総会の終結の時まで）です。

しかし、会社法は、非公開会社については監査役の任期を、定款で10年以内まで延長することができるようにし、その任期の延長も可能にしています。

14講 会計参与制度の新設

ポイント
◎会計参与は「計算書類等の正確性を担保する」ための新設機関

会計参与とは

会社法では、定款によって「会計参与」という機関を設置できるようになりました。

会計参与とは、「取締役（委員会設置会社では執行役）と共同して」計算書類等を作成する会社の機関です。作成された計算書類の適性を監査する会計監査人とは、その役割を異にしています。

会社法は、会社の計算書類等の正確性を担保するために本制度を新設しました。

会計参与の職務等

会計参与が作成する計算書類は、貸借対照表、損益計算書、その附属明細書、臨時計算書、連結計算書です。また「取締役と共同して」とは、取締役らと会計参与とが「意見を一致して」ということを意味します。したがって、会計参与を設置した以上、取締役は単独では計算書類を作成できないことになります。会計参与の承認が得られない以上、株主総会で承認を得たとしても無効です。

また、会計参与は会社とは別に、計算書類や会計参与報告を5年間備え置かなければならず、株主や債権者の請求に応じて、計算書類等の閲覧、謄本・抄本の交付等をしなければならないとされています。

会計参与の義務

会計参与は取締役の不正行為、定款・法令違反の重大な事実を発見したときは、監査役（会）や株主に報告する義務を負っています。

また、会計参与は、株主総会において、計算書類などについて株主から質問を求められた場合、必要な説明をしなければなりません。

会計参与の権限

会社法は、会計参与に、次に挙げる権限を付与しています。

・会計帳簿・資料の閲覧・謄写権
・計算書類を承認する取締役会への出席権
・計算書類の作成につき取締役等と意見を異にする場合における株主総会での意見の陳述権
・会計参与の職務を行なうため必要がある場合における会社・子会社の業務及び財産の状況の調査権等

いずれも、会計監査の職務を適切に全うさせるために与えられた権限です。

会計参与の資格、選任・解任手続、任期とは

会計参与になれるのは、公認会計士（監査法人を含みます）または税理士（税理士法人

を含みます）です。なお、会計参与は、当該会社やその子会社の取締役、監査役、執行役、支配人その他の使用人との兼任が許されていません。会計参与の地位の独立性を保持する、という趣旨です。

会計参与の選任・解任は、株主総会の決議によってなされます。

任期は原則として2年です（正確には、選任後、2年以内に終了する事業年度の内、最終のものに関する定時株主総会の終結の時まで）。ただし、委員会設置会社を除く非公開会社では定款で任期を10年以内まで延長することができます。

会計参与の責任とは

会計参与は、会社に対して任務懈怠があった場合、損害賠償の責任を負い、その場合、株主代表訴訟の対象となります。この責任を免除するには、原則として総株主の同意が必要です。

さらに、このような民事責任のほかに、会計参与は、特別背任罪等の刑事上の責任や100万円以下の過料の制裁（計算書類等への虚偽記載を行った場合）が科されることとされています。

15講

会計監査人制度が変わる

ポイント

◎すべての会社で「会計監査人」を設置可能に

◎会計監査人の会社に対する責任は株主代表訴訟の対象

すべての会社で設置できる会計監査人

従来、会計監査人は、「株式会社の監査等に関する商法の特例に関する法律」(商法特例法)上の大会社において設置が義務づけられていました。また、中会社に限り、定款で定めればこれを任意に設置することができるとされていました。つまり、旧商法の下では小会社に会計監査人を設置することが認められていなかったのです。

これに対して会社法は、いかなる会社も定款で会計監査人を設置することができることとしています。小会社においても定款に定めれば会計監査人を設置できるようになったのです。

なお、従来同様、大会社には会計監査人の設置義務があります。ほかに、委員会設置会社においても会計監査人の設置義務が規定されています。

＊会計監査人　計算書類及びその附属明細書を監査することを職責とする機関のこと。会計監査人は会社の外部機関であり、監査役のような会社内の機関ではない。株主総会の決議によって選任される。

会計監査人制度のその他に加えられたその他の新規定

会社法ではほかに、会計監査人制度について、①会計監査人の会社に対する責任が株主代表訴訟の対象となる、②会計監査の報酬決定にあたっては、監査役会、監査委員会の同意が要求される、③会計監査人が「不適切意見」を述べている場合、その旨が決算公告で公示される、との規定が新たに追加されています。

16講 特別取締役による議決制度を新設

ポイント

◎「重要財産委員会」が廃止され、その役割が「特別取締役」制度に承継された
◎特別取締役制度は「重要財産委員会」より利用されやすいとされている

重要財産委員会を廃止し、特別取締役制度を創設

旧商法では、取締役の数が10人以上の大会社に、「重要な財産の処分や譲受」や「多額の借財」について、機動的な意思決定を可能にするために、法的な経営機関である「重要財産委員会」の設置を認めていました。

しかし、現実には、重要財産委員会を採用している会社はほとんどありません。その原因としては、重要財産委員会の設置要件である「取締役の数が10人以上の大会社」という

特別取締役による取締役会を設置できる会社

・取締役6人以上
　かつ
・うち1人が社外取締役

⇩

特別取締役による取締役会の決議

・あらかじめ選任した3人以上の取締役の過半数が出席
・複数の監査役がいる場合は、一部の監査役が出席すればよい

⇩

・重要な財産の処分及び譲受の決議
・多額の借財の決議

ただし、書面決議は認められない

特別取締役会による取締役会とその決議

ことが厳格に過ぎるのではないかと考えられていました。また、重要財産委員会が、取締役会とは別の経営機関として位置づけられていたことも、制度の理解を困難とし、各会社がこれを採用することを見合わせる理由となっていたようです。

そこで、会社法では、より採用しやすい制度に、これを変更しました。

会社法では、重要財産委員会を廃止し、「特別取締役制度」を新設しています。この制度では、「特別取締役制度」について取締役会とは別の経営機関という構成をとらず、取締役会の決議要件の特則として位置づけています。

特別取締役制度の新設

新設された特別取締役制度は、「特別取締役による取締役会」が多数利用されるように、制度の採用要件、決議要件はいずれも緩やかなものとされています。

(1) 制度を採用する要件の緩和

委員会設置会社以外の取締役会設置会社で、取締役が6人以上の会社(ただし、6人の取締役中、社外取締役が1名以上必要です)であればこれを設置することが可能となりました。この制度は取締役会の決議によって採用することが可能です。また、会社の規模による制限はありません。

(2) 決議要件の緩和

決議要件としては、次の2点を満たしていることが必要です。

①あらかじめ選定した3人以上の取締役のうち過半数が出席していること

②その過半数が賛成すること

この2つの要件を満たせば、「重要な財産の処分及び譲受」「多額の借財」の2つについて決議することが可能です。

ただし、先に述べたように、この制度はあくまで取締役会の決議要件の特例として位置づけられています。したがって、他の取締役会の運営に関する規定を遵守しなければならないのは当然です。

＊「重要な財産の処分及び譲受」と「多額の借財」

いずれも取締役会の決議事項として法定されているもの。例えば、会社の財産に担保を設定することは、「財産の処分」にあたる。また、「借財」には、保証や保証予約も含まれるとされている。なお、「重要であるか」、「多額であるか」は、「会社の規模」、「処分や譲渡、借財の与える会社への影響力」によって個々に決せられることになる。

17講 委員会設置会社が変わる

ポイント

◎中小企業でも委員会（指名委員会、監査委員会、報酬委員会）が設置可能に
◎取締役が使用人を兼務することを禁止することを明文化
◎使用人兼執行役の使用人分の給与は、報酬委員会が決定する

中小企業でも委員会の設置可能

従来、委員会設置会社制度を採用できたのは、大会社または中会社のうち大会社特例規定の適用を受ける旨、定款に定めた会社（みなし大会社）に限定されていました。

しかし、会社法は、取締役会と会計監査人を設置すれば、会社の規模にかかわらず、中小企業であっても委員会（指名委員会、監査委員会、報酬委員会）を設置することができるこ

とにしました。機関設計の規律の柔軟化がその趣旨です。

＊委員会設置会社　取締役会により選任された1人または数人の執行役が会社の業務執行を行い、取締役は、3名以上で構成される委員会（指名委員会、監査委員会、報酬委員会）のメンバーとして、業務執行の監督・監査を行なう会社のこと。

委員会設置会社では、取締役は使用人を兼務できない

従来、委員会設置会社に関しては、取締役は使用人を兼務できるのかということが問題とされていました（監査委員である取締役についてのみ、使用人との兼務を禁止する規定があったために、監督委員以外の取締役について、使用人を兼務できるのかが問題となっていたのです）。

この点、会社法では、監督と執行の分離の徹底を図るため、委員会設置会社においては、取締役が使用人を兼務することを禁止することを明文化しています。

なお、取締役と執行役との兼任は禁止されていません。これは、取締役の中に執行役を兼務する者がいたほうが、会社の業務執行を把握しやすいのではないかとの発想によるもののとのことです。

使用人兼執行役の使用人分の給与は報酬委員会が決定

従来、委員会設置会社においては、報酬委員会が、執行役が受ける個人別の報酬の内容を決定する権限を有するとされていました。他方、使用人の給与については、従業員の報酬規定の決定が会社の業務執行の一環であるため、執行役がこれを定めることになります。

かくて旧商法では、執行役が使用人を兼務する場合には、報酬委員会は執行役の報酬のみを決定し、使用人分の給与については執行役が定めることになっていました。

しかし、このような扱いでは、執行役が受けるあらゆる報酬について、独立性の高い報酬委員会で定めるとし、監督機能を強化しようとした趣旨に照らして疑問が生じます。

そこで、会社法は、委員会設置会社においては、報酬委員会が使用人兼執行役の使用人として受ける給与についても決定することができるとの規定を設けています。

第4章 株式・社債その他

18講　株式譲渡制限の新しい形態
19講　自己株式取得の多様化・機動化
20講　種類株式についての変更
21講　種類株主総会
22講　株式転換制度の変更
23講　少数株主権についての変更
24講　株券の不発行
25講　株式の消却
26講　新株発行手続の変更
27講　株主（その他）
28講　新株予約権
29講　社債発行の自由化・円滑化
30講　社債管理者の責任拡大
31講　社債その他

18講

株式譲渡制限の新しい形態

ポイント

◎株式譲渡について株主総会を承認機関とすることができる
◎一部の種類株式についてのみ譲渡制限することができる
◎株式譲渡制限会社において株主間の譲渡については承認を要しない旨定めることができる
◎株式譲渡制限会社において指定買取人をあらかじめ指定することができる
◎相続などの包括承認の場合でも、会社に対する売渡請求権を認めた

株式譲渡制限規定の多様化

旧商法では、株式会社における株式譲渡については、「株式譲渡自由の原則」(旧法204

条１項本文）が採られていました。例外として、株式の譲渡を制限する場合は、定款に取締役会の承認を要する旨を定めることができると規定されていました。

会社法においても、株式譲渡自由の原則が採用されています。加えて条文には「当該株式会社の承認を要すること」についての特別の定めを置くことができると定めています（１０７条１項１号）。つまり、取締役会以外の機関、すなわち株主総会の承認を要する旨を定めることも可能となりました。また「当該種類の株式の取得について当該株式会社の承認を要する」種類株式の発行を認め（１０８条１項４号）、すべての株式ではなく、一部の種類の株式のみに譲渡制限をつけることも可能となったのです。

(1) 株式譲渡について株主総会を承認機関とすること

会社法１３９条１項は譲渡制限株式の譲渡の承認機関に関して定めています。そこでは「株主総会（取締役会設置会社にあたっては、取締役会）の決議によらなければならない。ただし、定款に別段の定めがある場合は、この限りでない。」となっていて、取締役会非設置会社では、承認機関は株主総会を原則とします。また、取締役会設置会社では承認機関は取締役会を原則とするものの、定款で株主総会とすることも可能です。

A　株式

B　株式

C　株式 ┐
D　株式 ┘ 一部の株式の譲渡制限が可能に

株式譲渡制限の方式の多様化

(2) 一部の種類の株式についての譲渡制限

旧商法では、内容の異なる2種類以上の株式を発行する会社が、特定の種類株式に限って、定款に株式譲渡に際して会社の承認を要する旨を定めることができるかは明らかではなく、有効説と株主平等原則違反を理由とする無効説が存在しました。

会社、とくにベンチャー企業などは、資金調達をする際に種類株式(優先株)の発行という形で行なう場合があり、実務上は、この種類株式だけを譲渡制限に付する必要性がありました。会社法はこのことを考慮して、定款に定めることである種類の株式に限り譲渡制限を認めたのです(108条1項4号)。

ここで注意を要するのは、一部の種類株式のみに譲渡制限を付する場合でも、その会社は「公開会社」(株式譲渡非制限会社。2条5項)に属することになります。このことから、非「公開会社」に認められる特例が認められなくなります。したがって、一部の種類株式のみに譲渡制限を付する場合は、取締役会の設置が強制され（327条1項1号）、株主総会の招集通知期間を定款の定めによって短縮することも認められなくなりますので、事実上、株主総会を承認機関とするのは難しくなるでしょう。

＊株式譲渡自由の原則　株主は自己の所有する株式を第三者に譲渡するのは原則自由であるとする建前

＊株主平等の原則　株式会社においては、株主はその権利・義務に関し持株数に応じて比例平等的に取り扱われなければならないとする原則

＊種類株式　一定の範囲で権利内容の異なる株式

株式譲渡に関するその他の付随的な定め

株式譲渡制限の方法について、以上のような多様化を認めたことで、例えば、以下のことは付随的な株式譲渡制限に関する定めが定款で認められることになります。

(1) 株主間の譲渡について承認を要しないこと

譲渡制限株式が株主間で譲渡される場合にも、原則として、会社の承認を要します。た

		旧商法	会社法
譲渡制限株式の場合	譲渡承認機関	株式会社：取締役会 有限会社：社員総会	株主総会（取締役会を設置する会社の場合は取締役会）
	株主（社員）間の譲渡における承認の要否	株式会社：必要 有限会社：不要	必要 （ただし、定款で不要とすることができる）
	相続・合併による取得における承認の要否	不要 （包括承継により当然に移転）	不要 （ただし、定款で会社がその株式を売り渡すよう請求できる）
			一部の種類の株式についての譲渡制限が可能に

旧商法と会社法との比較

だし、定款に定めて、機関承認を要しないとすることもできるようになります（139条1項但書）。これは、譲渡制限をする会社は中小企業が多い中、旧有限会社法が、社員間の譲渡は社員総会の承認を不要としていることに由来します。会社法が、有限会社と株式会社の規律を一体化させたのに合わせて、旧有限会社法の趣旨を会社法にも活かしたものです。

(2) 特定の属性を有する者への譲渡

特定の属性を有する者（例えば、従業員や関連企業）への株式譲渡について、定款の定めでその承認権限を代表取締役に委任することが認められるようになります（139条1項但書）。また、承認を不要とすることも認められます（107条2項1号ロ）。

(3) 指定買取人をあらかじめ指定

会社が譲渡承認、または取得承認の請求を拒絶する場合、株主または取得者からの請求に基づいて指定する株式の指定買取人を、定款であらかじめ指定することができるようになりました（140条5項但書）。

(4) 相続・合併による譲渡制限株式の移転制限

従来、相続・合併による包括承継の場合には、定款による株式譲渡制限は及ばないとされていました。このことで実務上、好ましくない者が株主になってしまうということがありました。これでは、会社にとって好ましくない者が株主となることを防止するためにわざわざ株式譲渡制限をしたのに、会社に害をもたらすことが明らかな者の相続により株主になることを防げないことになり、バランスを欠いてしまいます。企業承継の円滑化の観点からは、この場合にも株式譲渡制限が機能する必要性があると叫ばれていました。

そこで会社法は、相続・合併等の包括承継による移転の場合でも、定款で、譲渡制限株式を相続した相続人に対して、会社がその株式を売り渡すよう請求できる旨を定めることができるようにしました(174条~177条)。

＊包括承継　特定の債権、債務、無体財産権のほか、明確とは言えない権利・義務も含めて財産上の法的地位と言えるものすべてが包括的に承継される場合

19講 自己株式取得の多様化・機動化

ポイント

◎企業再編の活性化のために自己株式の取得方法を多様化・明確化した（簡単な公開買付による取得の追加と株主総会決議によらない取得方法の明確化）

◎自己株式取得のための授権決議が臨時株主総会でも可能に

自己株式取得規制の変遷

もともと平成13年の商法改正前までは、自己株式の取得は、次に掲げる理由から原則として禁止されていました。

①会社の財産的基礎を危うくする（資本維持の原則に反する）

②経営者が自己株式の取得によって流通する株式数を減らすことができ、会社支配の公

正さが害される
③特定の株主からの買取を認めることは、「株主平等原則」に反することになる
④株式取引の公正性を害する
しかし、産業界には、企業再編の推進という必要性から自己株式取得規制の緩和を求める意見が強かったのです。つまり、企業の再編を進めるには、合併、会社分割、株式交換という手段を採る必要があり、その際に新株発行が必要な場合も多いのですが、新株発行を行うと1株あたりの実質的な価値が低下する等の問題が発生します。ここでもし、自己株式の取得・保有が認められれば、会社の取得した自己株式を新株発行に代えることができ、このような問題を回避できるという考えから、自己株式取得規制の緩和が求められました。

平成13年の改正の旧商法ではこの考えを部分的に取り入れ、「定時株主総会」の決議によって、取締役会に授権をしたうえで配当可能利益の範囲内で自己株式の取得が可能となりました。

もっとも、前記③の「株主平等原則」への弊害に配慮し、平成13年改正法は、自己株式の買い受け方法については、商法に別の定めがある場合を除いて、

ⓐ証券取引市場等の市場取引による取得
ⓑ証券取引市場以外での公開買付による取得（証券取引法27条の2・6項）
ⓒ特定の株主からの相対取引による取得（ただし、他の株主に、売主として自己も加えることを請求できる権利を与える必要がある）
の3つに限っていました。

＊資本維持の原則　会社は、資本金に相当する金額以上の財産を、会社が存続する限り維持して保有しなければならないとする原則

＊公開買付　不特定多数の者に対して、公告により株券の買付等の申込または売付等の申込の勧誘を行い、有価証券市場以外で株券等の買付を行うこと

自己株式の取得方法の拡大

(1) 自己株式の取得方法の多様化

会社法は、「ⓐ証券取引市場等の市場取引による取得」「ⓑ証券取引市場以外での公開買付による取得」「ⓒ特定の株主からの相対取引による取得」の方法を維持したまま、
ⓓ簡単な公開買付による取得（株主総会の授権決議に基づく取得）

- 株主総会決議が必要な場合（株主との合意で自己株式を取得する場合）
  - 不特定の株主から取得する場合
    - 市場取引による場合（165条）……………………ⓐ
    - 公開買付による場合（165条）……………………ⓑ
    - 簡単な公開買付による場合（156条〜159条）………ⓓ（会社法で新設）
  - 特定の株主から取得する場合（160条）…………………ⓒ
- 株主総会決議が不必要な場合（155条に列挙）………………ⓔ（会社法で明確化）

自己株式取得方法

を新設し、加えて、
ⓔ株主総会決議によらずに取得できる場合
を旧商法のような「商法に別に定めのある場合を除いて」という形ではなく、条文（155条）上に列挙し明記しました。

(2) 市場取引及び公開買付による取得（前記ⓐ及びⓑ。株主との合意で自己株式を取得する場合）

会社法は、旧商法同様あらかじめ156条1項の株主総会の授権の範囲内で、取締役会決議により市場取引（前記ⓐ）または公開買付（前記ⓑ）により自己株式を取得することが認められています（156条、165条）。

なお、会社法156条は、株主総会を定時株主総会に限定していないことから、臨時株主総会でも取締役会に授権できるようになり、自己株式の機動性が高められました。

(3) その他の株主総会の授権決議に基づく取得(前記ⓒc及びⓓ。株主との合意で自己株式を取得する場合)

会社法では、市場取引または公開買付による自己株式の取得方法以外に、対象株主を特定する方法(前記ⓒ)と今回の改正で追加した対象株主を特定しない簡単な公開買付の方法(前記ⓓ)があります。

①対象株主を特定する方法(160条。前記ⓒ)

この方法は、まず会社が、取得対象たる種類株式に係るすべての株主に対して売主追加の請求をすることができる旨を通知します。そのあと、株主総会の授権決議、取締役会の取得決議を経て、特定の株主からの株式譲渡の申込に対して買取の売買契約を締結する方法です。

株主総会の授権決議に基づく取得（前記ⓒⓓ）

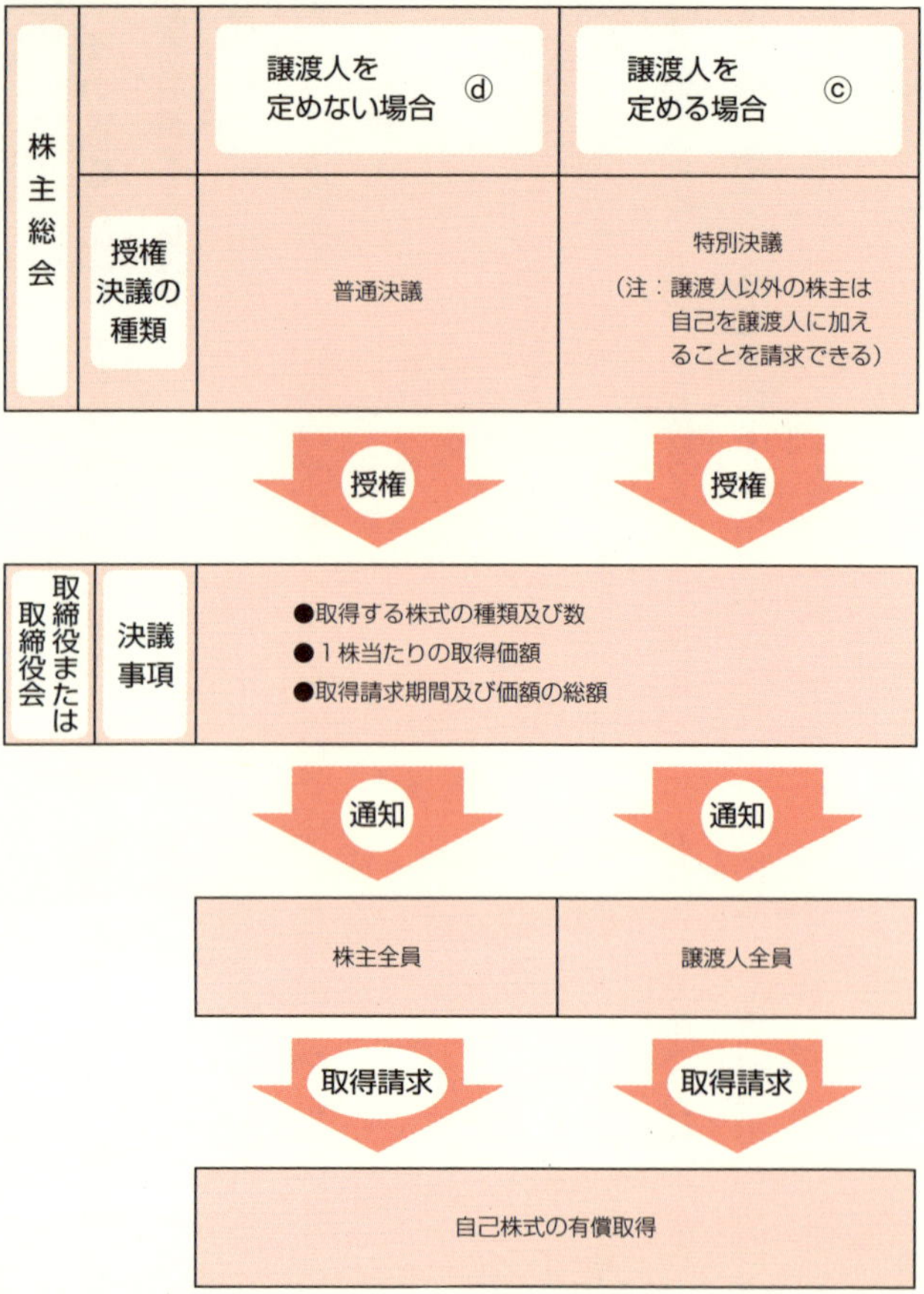

市場買付・公開買付以外の株主総会の授権決議による自己株式の有償取得手続

②対象株主を特定しない方法（156条〜159条。前記ⓓ）

この方法は、会社法で新設されたもので、簡単な公開買付のような方法です。どのような方法かというと、株主総会での授権決議、取締役会での取得決議を経た後、すべての株主に対する通知・公告を行ない、請求期間内での株式譲渡の申込に対して買取の売買契約を締結する方法です。

この方法によれば、株式が上場されていない会社や種類株式が上場されていない場合でも、公開買付と同様の手法によって自己株式を取得することが容易になります。

(4) 株主総会決議によらない取得（前記ⓔ）

会社法は、156条1項に基づく株主総会の授権決議を経ずに自己株式が取得できる方法を旧商法のような「商法の別の定めがある場合を除いて」という規定のしかたではなく、それらの場合を155条1号ないし13号に列挙し、自己株式が取得できる範囲を明確化しました（例えば、単元未満株式の買取請求に基づく取得、合併、分割、及び営業譲渡の場合において相手方の保有する自己株式を取得する場合等）。

自己株式と自益権

会社法は、自己株式に、利益配当請求権はもちろん、残余財産請求権及び株式買取請求権等の自益権のないことも明文化しました（453条、454条3項、504条3項）。

20講 種類株式についての変更

ポイント
◎種類株式の概念の整理
◎株式譲渡制限会社では、議決権制限株式の発行の限度がなくなった

種類株式の規定の整理

(1) 旧商法上の種類株式

旧商法は、各株式の権利の内容は同一であることを原則としました。例外として、権利の内容の異なる種類の株式の発行を認めていたのです（種類株式制度）。また、種類株式については、ある種類の株式から他の種類の株式へ転換する性質を付与することを認めていました（転換株式制度）。以上の例外を認めることで、株式による資金調達方法の多様化と、

支配関係形態の多様化の機会が株式会社に与えられていたのです。

ただ、旧商法222条1項が認めた異なる種類の株式（種類株式）は、次の6つに限定されていました。

①利益または利息の配当について内容が異なる株式（A）

②残余財産の分配について内容が異なる株式（B）

（①②は、その内容に応じて「優先株式」「劣後株式」「普通株式」に分類される）

③会社が株主から買受することが予定されている株式（買受株）（C）

④配当可能利益によって消却することが予定されている株式（償還株式）（D）

（株主側の意思による「義務償還株式」と会社側の意思による「随意（強制）償還株式」がある）

⑤株主総会で議決権を行使できる事項の制限される株式（議決権制限株式）（E）

（平成13年改正で「配当優先株」に限定されなくなった）

⑥種類株主総会での取締役、監査役の選解任について内容の異なる株式（F）

また、ある種類の株式から他の種類の株式への転換が認められるものとしては、「株主の意思による転換の場合の転換予約権付株式（旧法222条の2）」と「会社の意思による転換の場合の強制転換条項付株式（旧法222条の8）」が認められていました（G）。

さらに、平成13年商法改正によって、会社が数種の株式を発行する場合において、定款で、法令・定款の定めによる株主総会・取締役会の決議事項の全部または一部について、その決議のほかに、種類株主総会の決議を要すると定めることができるようになりました（拒否権付種類株式）（旧法222条7項）（H）。

＊**優先株**　他の株式に先んじて利益配当等を受け取る等、他の株式よりも有利な条件をその内容とする株式

(2) 会社法上の種類株式

旧商法上の種類株式の概念を、会社法は、108条1項で整理・追加・修正し、定款で規定することにより、内容の異なる2種類以上の種類の株式を発行できるとしました。

①整理したもの

1号　残余金の分配が異なる場合…前記（A）に対応

2号　残余財産の分配が異なる場合…前記（B）に対応

3号　株主総会で議決権を行使できる事項が異なる場合（議決権制限株式）…前記

（E）に対応

8号　株主総会において決議するべき事項のうち、その決議のほかに種類株主総会の決議も必要とするもの（拒否権付種類株式）…前記（H）に対応

9号　当該種類の種類株主を構成員とする種類株主総会での取締役・監査役を選任すること…前記（F）に対応

②追加したもの

4号　譲渡による当該種類株式の取得について、会社の承認を要すること…（これは、会社法が各株式の種類ごとに譲渡制限をつけたり、つけなかったりすることを示す条文です。従来、種類株式ごとに株式譲渡制限の設定を変えることが可能かという論議を明文化したものです。18講「株式譲渡制限の新しい形態」参照）

③修正したもの（前記（C）（D）（G）に対応）

5号　当該種類株式について、株主が会社に対してその取得を請求できること（取得請求権付種類株式）

6号　当該種類株式について、会社が一定の事由が生じたことを条件として取得することができること（取得条項付種類株式）

7号　当該種類株式について、会社が株主総会の決議によってその全部を取得することができること（全部取得条項付種類株式）

旧商法では、転換予約権付株式や強制転換条項付株式（前記（G））のように、種類株式は、他の種類の株式にしか転換できませんでした。

会社法は、転換予約権付株式や強制転換条項付株式のような、転換の定めがある株式（前記（G））の内容を柔軟化し、株式を他の種類の株式だけではなく、社債、新株予約権、新株予約権付社債、金銭その他の財産等への転換も可能にし、新たに取得請求権付種類株式（5号）、取得条項付種類株式（6号）、全部取得条項付種類株式（7号）の制度として概念を整理しました。このことから、転換予約権付株式や強制転換条項付株式は、取得請求権付種類株式、取得条項付種類株式、全部取得条項付種類株式の制度のうち「他の種類の株式」に転換される場合となりました。

そして、旧商法の下の、前記した（C）の買受株や（D）の償還株式についても、一律の制度として整備され、取得請求権付種類株式、取得条項付種類株式、全部取得条項付種類株式の制度のうち、「金銭その他の財産」へ転換される場合となりました（22講「株式転換制度の変更」参照）。

株式の設計の柔軟化

会社法が、株式を他の種類の株式、社債、新株予約権、新株予約権付社債、金銭その他の財産等への転換することを認めたことで、旧商法の下での転換予約権付株式は、取得請求権付種類株式の一種類となりました。株式を取得するのと引換に他の種類の株式を交付する場合（108条2項5号ロ）として整理されることになったのです。

また同様に、旧商法での強制転換条項付株式は、取得条項付種類株式の一種となりました（108条2項6号ロ）。このよ

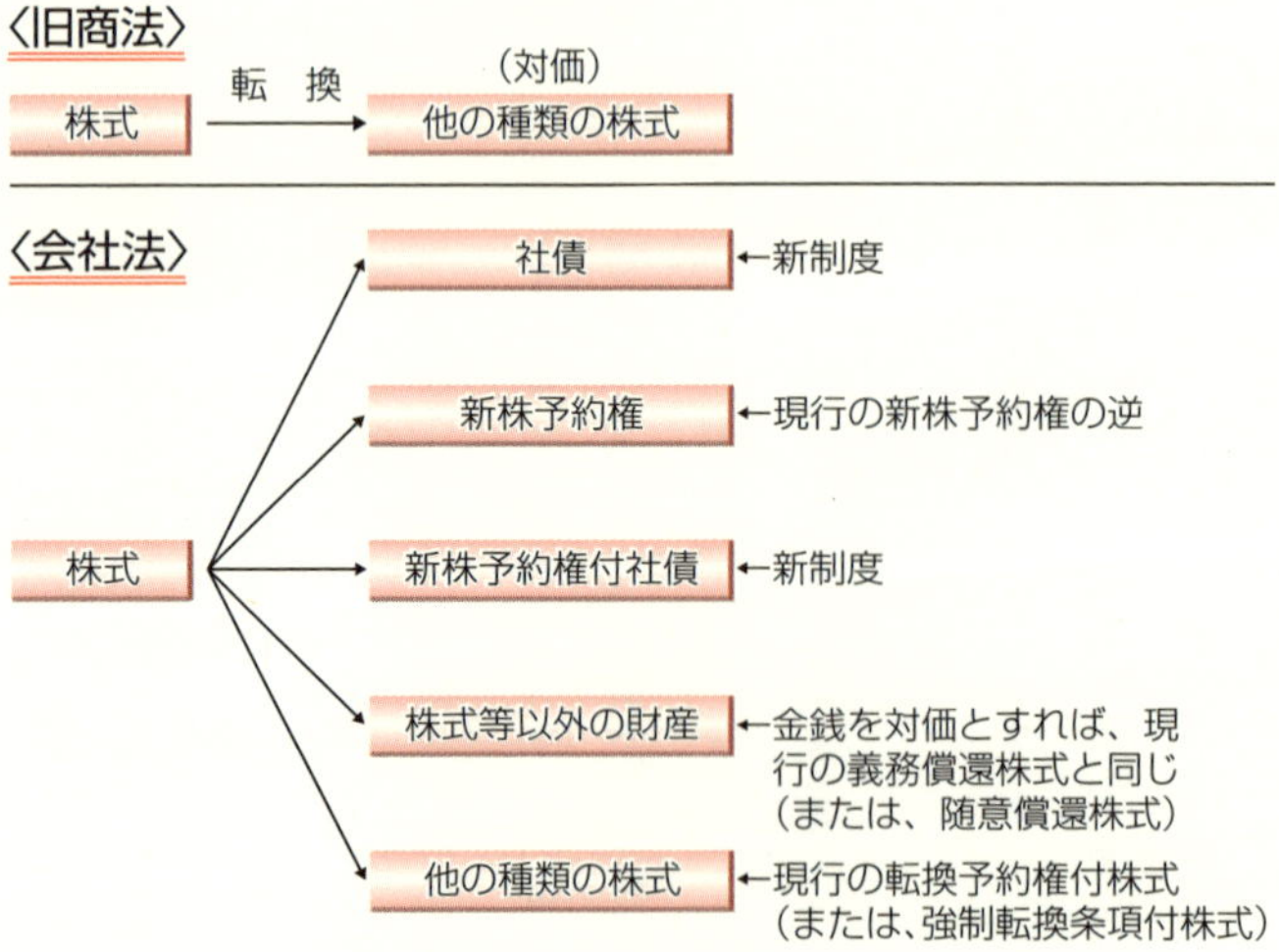

会社法における株式設計の柔軟化

うに、取得の対価を拡大することにより、株式の設計の柔軟化がはかられました。

議決権制限株式の発行限度

旧商法では、株式会社においては、議決権制限株式は発行済株式総数の2分の1を超えて発行することはできませんでした。

会社法でも、株式譲渡制限会社以外の株式会社では、議決権制限株式の発行限度は引き続き、発行済株式総数の2分の1です。しかし、有限会社制度が株式会社制度に統合されたことから、株式譲渡制限会社においては、議決権制限株式（108条1項3号）の発行限度がなくなりました。

これは、株式譲渡制限会社を少数の株主でつくる場合で、各株主に対する議決権の分配を、出資比率に関係なく設定することができることを意味します。各株主の性質に合わせた議決権の分配・会社支配の分配を実現できるのです。

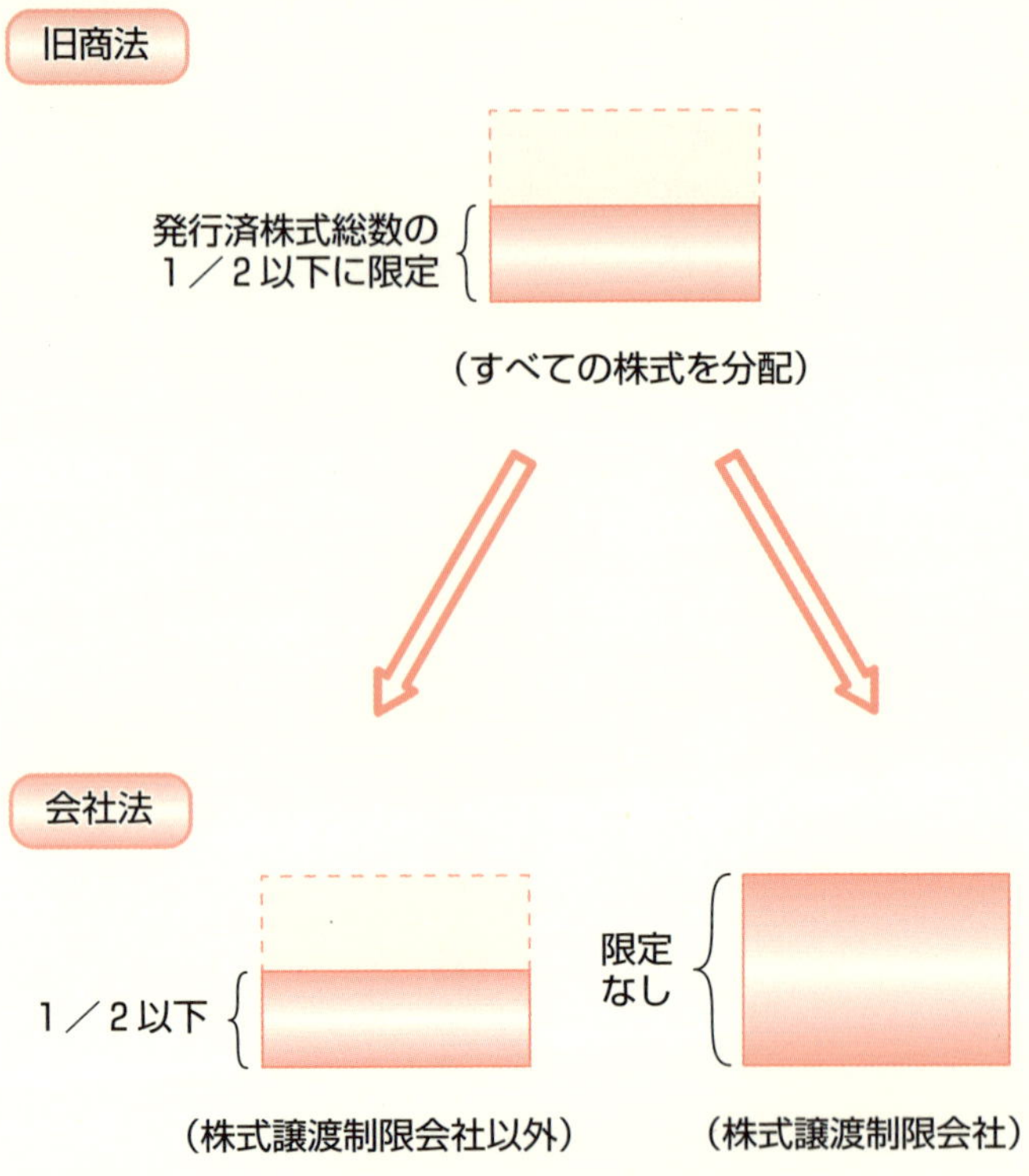

議決権制限株式の発行限度

21講 種類株主総会

ポイント
◎法定種類株主総会の決議が必要な場合の明確化
◎任意種類株主総会についても規定

法定種類株主総会の決議事項

旧商法では、会社が数種の株式を発行した場合、定款変更によってある種類の株主に損害を及ぼすべきときには、所要の株主総会決議のほかに当該種類株主による種類株主総会の決議を要するとしていました。この規定は、どのような定款変更の場合に種類株主総会を必要とするのか、また、どのような場合に「ある種類の株主に損害を及ぼすべきとき」の要件に該当するのかが明確でないという問題点がありました。

1号	定款変更
2号	株式併合または株式分割
3号	株式無償割当
4号	株式会社の株式を引き受ける者の募集
5号	株式会社の新株予約権を引き受ける者の募集
6号	新株予約権無償割当
7号	合併
8号	吸収分割
9号	吸収分割による他の会社がその事業に関する有する権利義務の全部または一部の承継
10号	新設分割
11号	株式交換
12号	株式交換による他の株式会社の発行済株式全部の取得
13号	株式移転

法定種類株主総会の決議が必要となりうる事項（322条1項）

そこで会社法は、法律上種類株主総会の決議を要する定款変更の場合を、

①株式の種類の増加
②株式の内容の変更
③発行可能株式総数または発行可能種類株式総数の増加

のための定款変更に限定して明確化しました（322条1項1号）。

また、定款変更以外でも、法律上種類株主総会の決議を要する場合について明確化しています。株式の併合・分割、株式の無償割当、株式・新株予約権の株主割当、新株予約権無償割当、合併、吸収分割、等を322条1項2号から13号までに列挙しています。

もっとも、322条1項については、「ある

種類の株主に損害を及ぼすおそれがあるとき」の要件が残されています。この点についてなお実務上はいかなる場合が「損害を及ぼす場合」に該当するのか、難しい判断を迫られる余地が残されています。

定款による法定種類株主総会開催の排除

種類株式発行会社は、ある種類株式につき、種類株主総会の決議を要しない旨、定款で定めることができます。そのような定めがある場合には、定款変更（322条1項1号）以外（単元株式数の定款変更は除く）の、322条1項2号から13号の行為について法定種類株主総会の開催が排除されます（322条2項）。

これは、円滑に組織再編行為等を行なうことを可能にする趣旨で認められたものです。反対株主の買取請求権を保証すること（116条）で、種類株主の利益の保護は図られています。

任意種類株主総会

会社は、株主総会（取締役会設置会社においては株主総会または取締役会）において決議すべき事項について、その決議のほかに、その種類株主総会の決議を要する種類株式を発行することができます（拒否権付種類株式。108条1項8号、2項8号。種類株主総会の側面からは323条で規定されています）。

22講

株式転換制度の変更

ポイント

◎新しい株式転換制度は、取得請求権付株式、取得条項付株式、全部取得条項付種類株式の3種の株式に整理し、その対価を柔軟化した

会社法上の株式転換制度

旧商法は、転換予約権付株式や強制転換条項付株式のように、種類株式は他の種類の株式にしか転換を認めていませんでした。それに対して会社法は、転換予約権付株式や強制転換条項付株式のような転換の定めがある株式についての内容を柔軟化し、株式を他の種類の株式だけではなく、「社債」「新株予約権」「新株予約権付社債」「金銭その他の財産等」へ転換することも可能にしました（20講の図「会社法における株式設計の柔軟化」参照）。そし

て新たに、「取得請求権付株式」「取得条項付株式」「全部取得条項付種類株式」の制度として整理しました。

これによって、旧商法の下の、「償還株式制度」（買受株と償還株）も、「金銭その他の財産等への転換される場合」として、この制度に含まれる扱いとなりました。こうして、一元的な株式転換制度として整備されることになったのです。

取得請求権付株式

取得請求権付株式というのは、株式会社が発行する株式の全部または一部に、株主が当該株式会社に対して当該株式の買取を請求できる権利の定めを設けている株式のことです（2条18号、１０７条1項2号、同2項2号、１０８条1項5号、同2項5号）。

買取の対価には、社債、新株予約権、新株予約権付社債、金銭等をあてることが認められています。結果的に、株式を社債等に転換できる権利を株主に与えることになります。

旧商法の下では、転換予約権付株式のように、株主の請求でも種類株式の転換は他の株式への転換しか認めていませんでした。また、株主の請求に対して金銭を対価として株式償還する場合を義務償還株式としていましたが、これらを取得請求権付株式として整理し、取得の対価を社債や金銭等に拡大させたのです（従来の転換予約権付株式や義務償還株式の制度をより柔軟化）。この株式の買取請求に対して、会社が、保有する自己株式の移転をもって株式の発行に代替させる取扱いをした場合が旧法の下でいう転換予約権付株式に対応するのです。また、金銭を対価とした場合が、義務償還株式に対応することとなります。

取得請求権付株式
【取得対価】
・自己株式の場合→従来の転換予約権付株式
・金銭の場合　　→従来の義務償還株式

取得条項付株式

取得条項付株式とは、株式会社がその発行する株式の全部または一部に、内容として当該株式会社が一定の事由が生じたことを条件として、当該株式を取得することができる旨の定めを設けている場合の株式です（2条19号、107条1項3号、同2項3号、108条1項6号、同2項6号）。

この株式は、会社に株主から株式を強制的に取得する権利を与えているものです。その取得の対価としては、社債、新株予約権、新株予約権付社債、金銭等をあてることが認められています。結果的に、株式を社債等に転換できることになります

旧商法の下では、強制転換条項付株式のように、会社からの強制的な種類株式の転換は他の株式への転換しか認められていませんでした。また、会社の請求で、金銭を対価として株式償還する場合を随意償還株式といいました。会社法はこれらを一律に取得条項付株式として整理し、取得の対価を社債や金銭等に拡大させたのです。

取得条項付株式

【取得対価】
・自己株式の場合→従来の強制転換条項付株式
・金銭の場合　　→従来の随意償還株式

全部取得条項付種類株式

全部取得条項付種類株式とは、当該種類の株式について、当該株式会社が株主総会の決議によってその全部を取得する旨の定めがある種類株式です（171条、108条1項7号）。

この制度は、債務超過の場合などで、事業再生を行なう場合に、倒産手続によらないで1

００％減資を行なう場合などに利用されることが想定されています。

旧商法の下では、事業再生を行なうような場合、形式上の資本減少と強制消却が同時に行なわれていました。そのような手紙に総株主の同意が必要か否かが争われていましたが、総株主の同意が必要であるとすると、機動的な事業再生が難しいという問題がありました。そこで会社法は、総株主の同意がなくても、定款を変更することで、株主総会の特別決議及び種類株主総会の決議で、ある特定の種類株式すべてを取得することを可能にしました（25講参照）。

23講 少数株主権についての変更

ポイント

◎少数株主権の行使要件の合理化（「株式数基準」の新設）
◎少数株主権の行使要件が定款により緩和することが可能になる場合が明確化
◎プライバシー保護目的で設けた株主名簿の閲覧・謄写請求への拒絶事由の新設

少数株主権の行使要件の基準の合理化

旧商法上では、少数株主権の行使要件は、総議決権数の100分の1以上とか100分の3以上のように、一律にある議決権数を基準として定められています（議決権数基準）。しかし、少数株主権の中には、株主であれば議決権の有無に関係なく当然に認められるべき権利があります。そこで、次の3つの少数株主権については、議決権と直結しない権利として議決権数基準のほかに「株式数基準」も取り入れました。

①会計帳簿閲覧権　総議決権の100分の3以上　または
発行済株式（自己株式除く）の100分の3以上（433条）

②業務財産調査のための検査役選任請求権
総議決権の100分の3以上　または
発行済株式（自己株式除く）の100分の3以上（358条）

③解散請求権　総議決権の10分の1以上　または
発行済株式の（自己株式除く）10分の1以上（833条）

また、取締役・監査役等の解任請求権の行使要件についても、株式数基準が導入されました。

④取締役・監査役等の解任請求権
6カ月前より引き続き総議決権の100分の3以上　または
発行済株式の（自己株式除く）100分の3以上（854条）

＊少数株主権　一定数以上の株式がまとまって同時に行使することで初めて認められ

定款による要件の緩和

会社法においては、少数株主権の行使要件は定款で定めることによって、その行使要件を引き下げて緩和することが可能となる場合は条文にその旨明記されています。また、少数株主権の行使要件を引き下げて、少数株主権を単独株主権とすることも可能とされています。

その他少数株主権についての変更

旧有限会社法では、少数株主権の行使要件は総議決数の10分の1以上とされている場合が多くあります。これに対して会社法では、有限会社に対応する取締役会非設置会社における少数株主権の行使要件についても、旧商法上の株式会社の要件にしたがうことになりました。

また、取締役会を設置した非公開会社（株式譲渡制限会社）においては、単独株主権や少数株主権について必要とされる6カ月の株式保有期間の要件は課せられないようになりました（303条3項、305条2項等）。

株主名簿等の閲覧・謄写請求権

株主及び会社債権者は、会社の営業時間内はいつでも株主名簿の閲覧・謄写請求ができます。

ところが、近年、いわゆる名簿屋等が経済的利益を得る目的で閲覧・謄写請求権を行使することがあります。これによってプライバシーが侵される場合があるなど、自由な閲覧・謄写には問題が指摘されていました。

そこで、会社法では、株主名簿の閲覧・謄写請求権については、以下のような一定の拒絶事由が定められました（125条3項）。

①権利の確保または行使に関する調査以外の目的で請求したとき
②会社の業務の遂行を妨げ、または株主共同の利益を害する目的で請求したとき
③会社の業務と実質的に競争関係にある事業を営み、またはこれに従事するものが請求したとき
④株主名簿の閲覧・謄写によって知りえた事実を、利益を得て第三者に通報するために

請求したとき
⑤過去2年間に、株主名簿の閲覧・謄写によって知りえた事実を、利益を得て第三者に通報したことがあるものであるとき

24講 株券の不発行

ポイント
◎会社法では、すべての株式会社について「株券不発行」が原則
◎施行日以前に設立された株式会社は、定款に株券を発行する定めがあるとみなす
◎株券不発行会社では、意思表示のみによる株式譲渡

平成16年改正による株券不発行制度

平成16年の商法改正前は、原則として、すべての株式について株券の発行は会社の義務として行なわれていました。その譲渡には株券の交付が必要でした。しかし、株券の発行は、会社にとって費用的な負担となります。また、株主にしても株券の盗難や紛失という

リスクを負うことになります。このような事情から実際には、公開会社以外では株券が発行されていない場合が多かったのです。

そこで平成16年の改正で、「株券不発行制度」が導入されたのです。この制度に従うには、株券を発行しない旨を定款に定める必要があります。

＊株券　株式すなわち株式会社の株主としての地位を表章する有価証券

株券不発行の原則

会社法の基本的な考えは、株券の発行または不発行に関する原則と例外を逆転させたところにあります。まず、すべての株式会社について「株券不発行」を原則としました。その上で例外的に、株券発行を定款に定めた会社（「株券発行会社」）のみ株券を発行できるとしています（２１４条）。

なお、株券を発行するには、種類株券発行会社にあっては、全部の種類の株式について株券を発行する必要があります。株式の種類ごとに株券発行の有無を違えることは認められません。

また、株式譲渡制限会社では、株券を発行する旨を定款の定めに置いた場合でも、株主

平成16年 改正前	株券の発行が義務づけられていた
平成16年 改正後	【原則】株券の発行 【例外】定款の定めによる株券の不発行
平成18年 会社法	【原則】株券の不発行 【例外】定款の定めによる株券の発行

株券発行制度の変遷

からの請求があるまでは株券を発行しなくてもかまいません（215条4項）

このように株券の発行に関するルールを大幅に変更した背景は、株券に相当する物の発行が禁止されている旧有限会社（旧有限会社法21条）に関するルールと、平成16年改正による旧商法のルールをすりあわせて、有限会社制度と株式会社制度を一元化した会社法において、両制度の中間を採ったと言われています。

既存の株式会社の取扱い

このように会社法は株式不発行を原則としましたが、会社法やその他の関連する法律では、現在流通している株券の回収などは行なっていません。現在流通している株券の取扱いが今後の問題として残ります。

この点、多くの中小企業は株券をもともと発行していないので、影響は少ないとの見方はあります。しかし、現在流通している株券のすべてを無効にするとすれば混乱が予想されます。

そこで、会社法の施行日までに設立されている株式会社については、すでに、その定款に株券を発行する旨の定めを置いているものとみなされることになっています（会社法の施行に伴う関係法律の整備等に関する法律（以下、整備法）76条4項）。定款に株券の不発行の定めを置いている場合は、この限りではありません。

したがって、既存の株式会社は、定款上で株券不発行会社とされていない限り、株券発行会社として取り扱われ、あいかわらず、株式発行以後は遅滞無く株券を発行しなければならないという扱いがなされます（２１５条１項）。

株式譲渡について

(1) 株券不発行会社

株券不発行会社においては、株券の譲渡による株式譲渡ができません。株式の譲渡を行なうには、意思表示のみによることになります。

意思表示をした上で、当該株式譲渡について会社や第三者に対抗するには、株主名簿上の記載また記録の変更が必要となります（130条）。これは、旧有限会社における持分の譲渡方法に倣ったものです（旧有限会社法20条1項）。

また、株券不発行会社の株主が、自らを株主であることを第三者などに示すには、株主名簿を利用することになります。株券不発行会社の株主は、会社に対して株主名簿記載事項を記載した書面の提供を会社に請求することができます（122条）。

(2) 株券発行会社

株券発行会社では、会社法施行後も旧商法の原則を踏襲し、株式の譲渡の際には株券の交付が必要とされます。株券が交付されない限り、当該株式の譲渡は効力を生じません（128条）。また、株券の占有者は、当該株券にかかる株式について適法な権利者と推定されるという点についても、旧商法の原則が踏襲されます（131条）。

25講 株式の消却

ポイント

◎株式の消却は「自己株式の消却」という概念に統一・整理

◎債務超過会社等の私的整理では、100%減資が株主総会の特別決議で可能に

株式消却の概念の整理

旧商法の下では、株式消却はいわゆる「任意消却」と「強制消却」として整理されていました。「任意消却」は自己株式の消却を、「強制消却」は①定款の規定による利益消却及び②資本減少に伴う株式消却を意味するものと理解されていました。

会社法においては、株式の消却は「自己株式の消却」という概念に統一・整理されてい

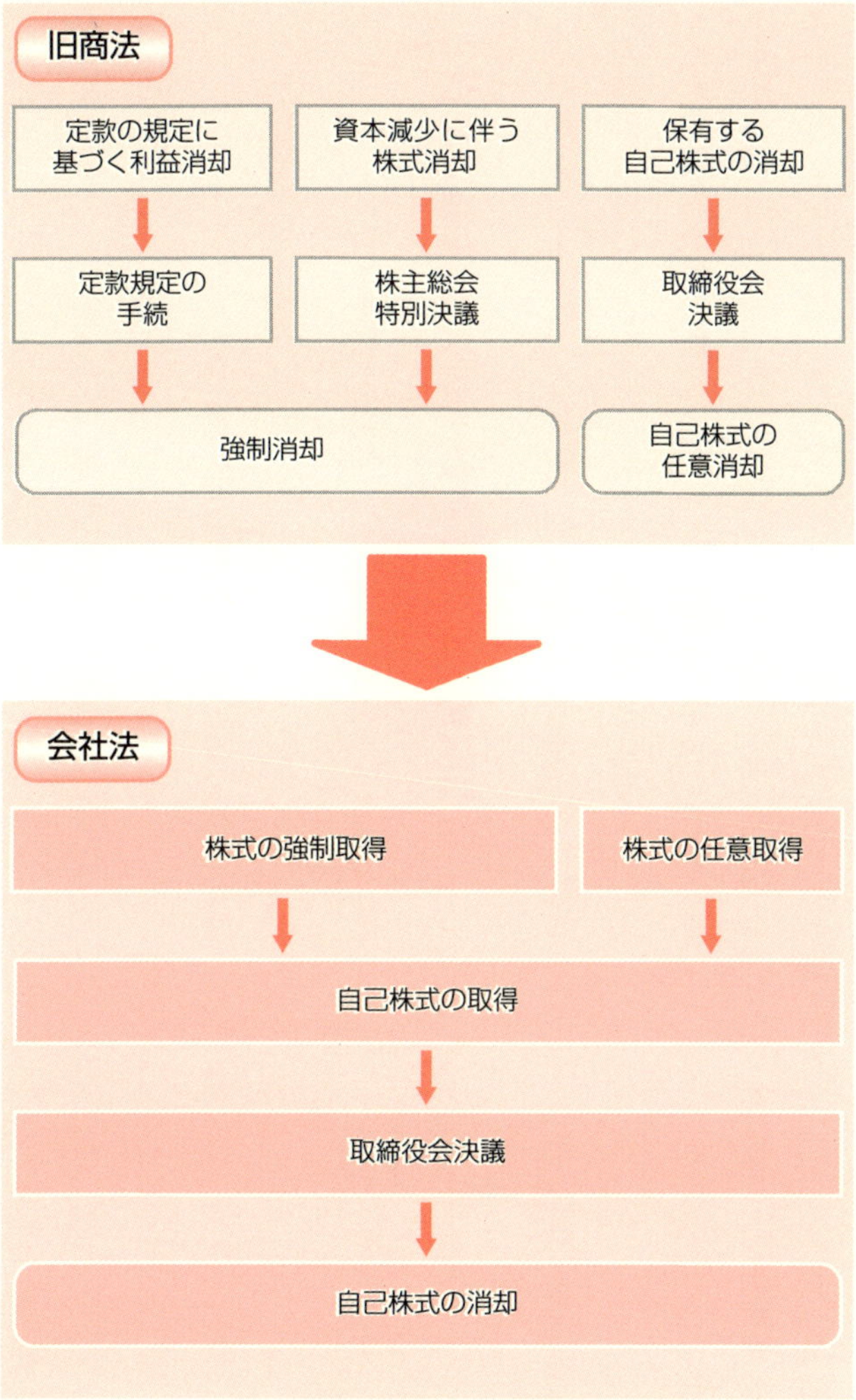
旧商法
定款の規定に基づく利益消却
資本減少に伴う株式消却
保有する自己株式の消却
定款規定の手続
株主総会特別決議
取締役会決議
強制消却
自己株式の任意消却
会社法
株式の強制取得
株式の任意取得
自己株式の取得
取締役会決議
自己株式の消却

株式消却の手続

ます。そして、自己株式以外の株式を消却する場合は、株式会社が当該株式を取得した上で消却するものとされています。これによって従来の「強制消却」は、取得条項付株式の取得または全部取得条項付株式の取得による「株式の強制取得」及び「自己株式の消却」「自己株式とした上での消却」といった手続になります。そして発行済株式の全部を消却するというういわゆる100％減資は、発行済株式の全部を取得した上でその自己株式を消却することと整理されます。

＊株式の消却　特定の株式を消滅させる会社の行為

取得条項付株式とするための定款変更手続

先に述べたように、従来の強制消却は、取得条項付株式の取得または全部取得条項付株式の取得と自己株式の消却という制度に改まります。

ただ、取得条項付株式については定款の定めが必要です（107条2項3号、108条2項6号）。原始定款でその旨を定めている場合にはともかく、会社の成立後に定款変更して、発行する全部の株式について取得条項付株式とする旨を定款で定めるには、これまでの学説では、株主全員の同意（種類株式の場合は、その種類株主全員の同意）を必要とすると解するのが一般的でした。会社法は、これを明文化しました（110条、111条1項）。

100%減資と全部取得条項付種類株式

旧商法では、資本減少にともなう強制消却は、株主総会の特別決議によって行なわれていました。ここでは、会社が株式の全部を消却すること（100%減資）については、法的倒産手続を除き、株主全員の同意が必要と解されていたのです。

しかし、実業界には、株主全員の同意でなく株主総会の多数決での100%減資の方法を認めるべきとの強い要請がありました。法的倒産手続によらない、私的整理の場面では、会社が既発行の1または2以上の種類の株式全部を消却して、新たな出資を受け入れ、会社の再生を期する必要があります。これを、迅速に行なうには、「株主全員の同意」という要件は妨げになるという考えからです。

そこで、会社法は、2以上の種類の株式を発行する株式会社には特例を認めています。定款の定めに基づいて、1の種類の株式の全部を株主総会の特別決議によって強制取得（全部取得条項付株式の取得として）できるのです（108条1項7号、111条2項、171条、309条2項）。この制度を利用すると、債務超過会社等の私的整理による100%減資が、株主総会の特別決議で可能となるのです。
具体的には、種類株式を発行していない会社では、同一の株主総会において、
①2以上の種類株式（既存のA株式と新しいB株式）を発行できる定款規定を設ける旨
②①の種類の株式（A株式）の全部を有償また無償で取得できる定款規定を設ける旨
③その定款規定により①の種類の株式（A株式）の全部を取得する旨
を同時に決議します。
そして、その後の取締役会におい

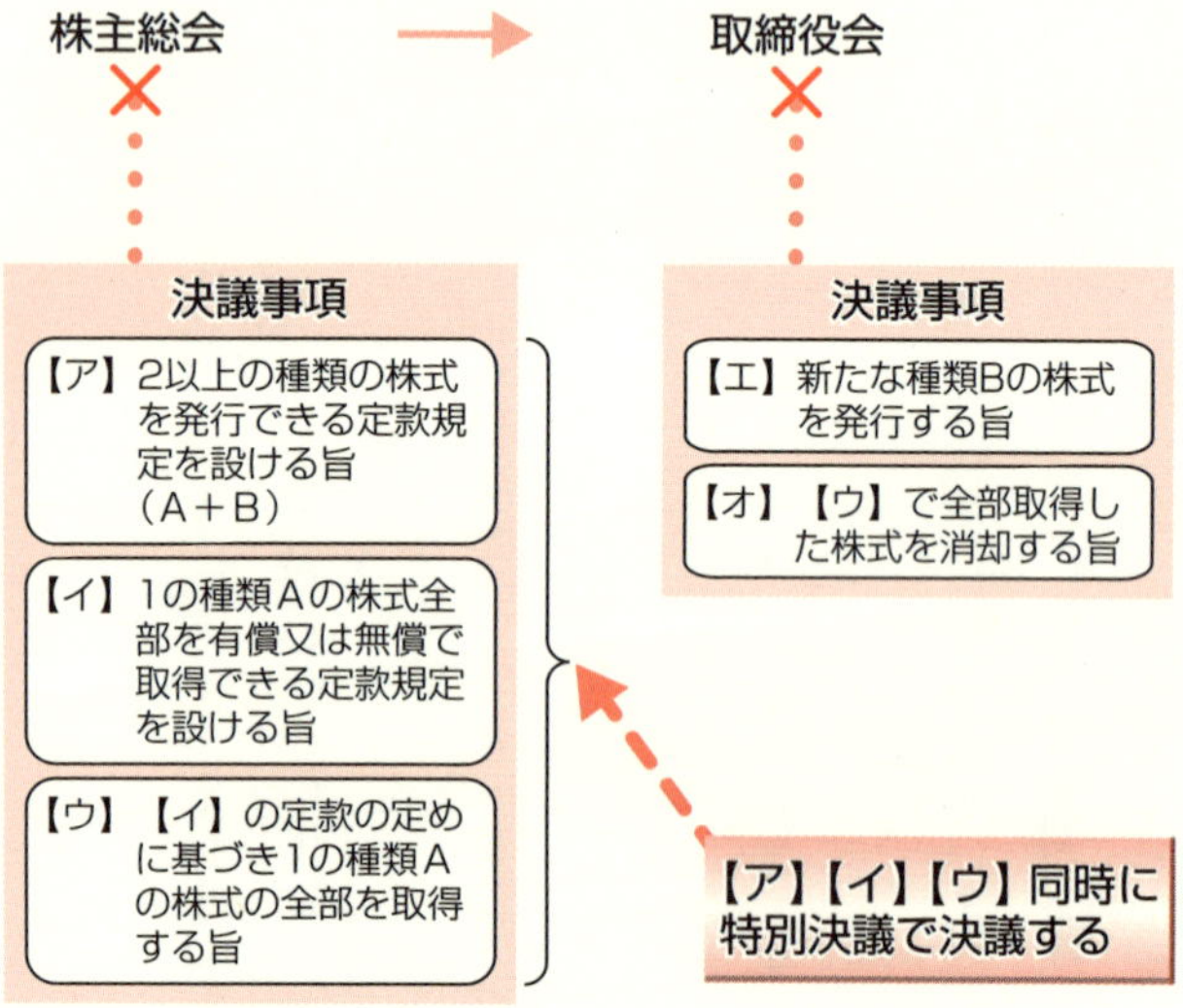
株主総会
取締役会
決議事項
【ア】2以上の種類の株式を発行できる定款規定を設ける旨（A＋B）
【イ】1の種類Aの株式全部を有償又は無償で取得できる定款規定を設ける旨
【ウ】【イ】の定款の定めに基づき1の種類Aの株式の全部を取得する旨
決議事項
【エ】新たな種類Bの株式を発行する旨
【オ】【ウ】で全部取得した株式を消却する旨
【ア】【イ】【ウ】同時に特別決議で決議する
会社法における100％減資の新たな手法

て、

④新たな種類の株式（B株式）を発行する旨
⑤全部取得した種類の株式（A株式）を消却する旨
を決議することになります。

＊資本減少　資本を減少させる会社の行為。事業の縮小により不要となった会社財産を株主に払い戻す目的の「実質上の資本減少」と、法定準備金等を取り崩しても塡補できない資本の欠損のある会社がその資本欠損の塡補のために行う「形式上の資本減少」とがある。

26 講

新株発行手続の変更

ポイント

◎第三者割当のための株主総会決議の一体化
◎払込日を株主となる時期とすることが可能に
◎株主予約権制度の充実
◎新株発行の公告・通知手続の合理化

発行手続の合理化

(1) 株式譲渡制限会社における手続

旧商法では、株式譲渡制限会社の第三者割当では、「第三者割当のための株主総会決議」と「有利価額発行のための株主総会決議」という別個の手続が必要とされていました。

これに対して会社法では、前者は後者を含み得るものとしています。募集株式の数、払込金額またはその算定方法、払込期日または払込期間等を株主総会の特別決議をもって決定することを要するものとし（199条1項ないし3項、309条2項5号）、新株発行手続と有利価額発行手続が一体化されています。

ただし、新株に有利価額発行が行なわれる場合には、取締役がそれを必要とする理由を株主総会で説明しなければなりません（199条3項）。

また、旧商法では、新株の割当者の決定は新株発行時に取締役会が行なうとされていましたが、会社法では、定款の定めがある場合以外は、発行決議時ではなく、申込後の割当時に決定することとなりました（204条1項、2項）。

(2) 株主となる時期

旧商法では、新株発行に際して、特定の日を「払込期日」と定めていました。新株の引受人は実際に払込を行なった日に関係なく、払込期日から株主となるとされていたのです。

会社法においては、従前の決定方法を継承しつつ、払込期日に代えて「払込期間」を定めました。その期間内に払込がなされた場合には、その「払込日」から株主となることも

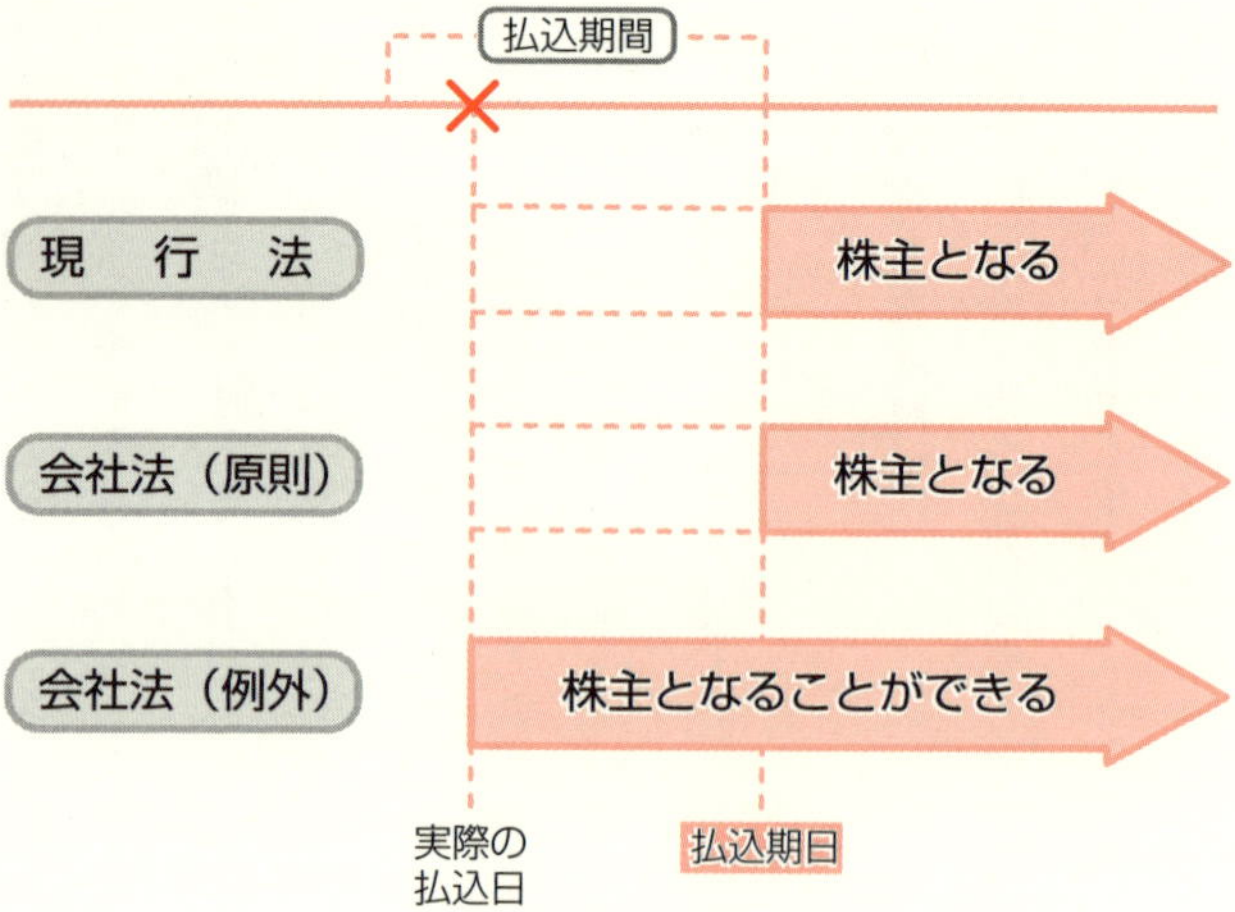

株主になる時期

認められるのです（199条1項4号、209条1項2号）。

株主割当――新株予約権制度に吸収整理

旧商法においては、新株の割当について、株主の新株引受権を譲渡することを所定の決定機関で定めることを認めていました。そのような定めがなされたときには、会社は新株引受権証書を発行し、新株引受権の譲渡はその交付によるものとされていました。

この制度について会社法では、新株予約権の制度として吸収・整理しました（254条以下）。

すなわち会社法は、会社が株主に対して無償で新株予約権を発行する制度を設け（27

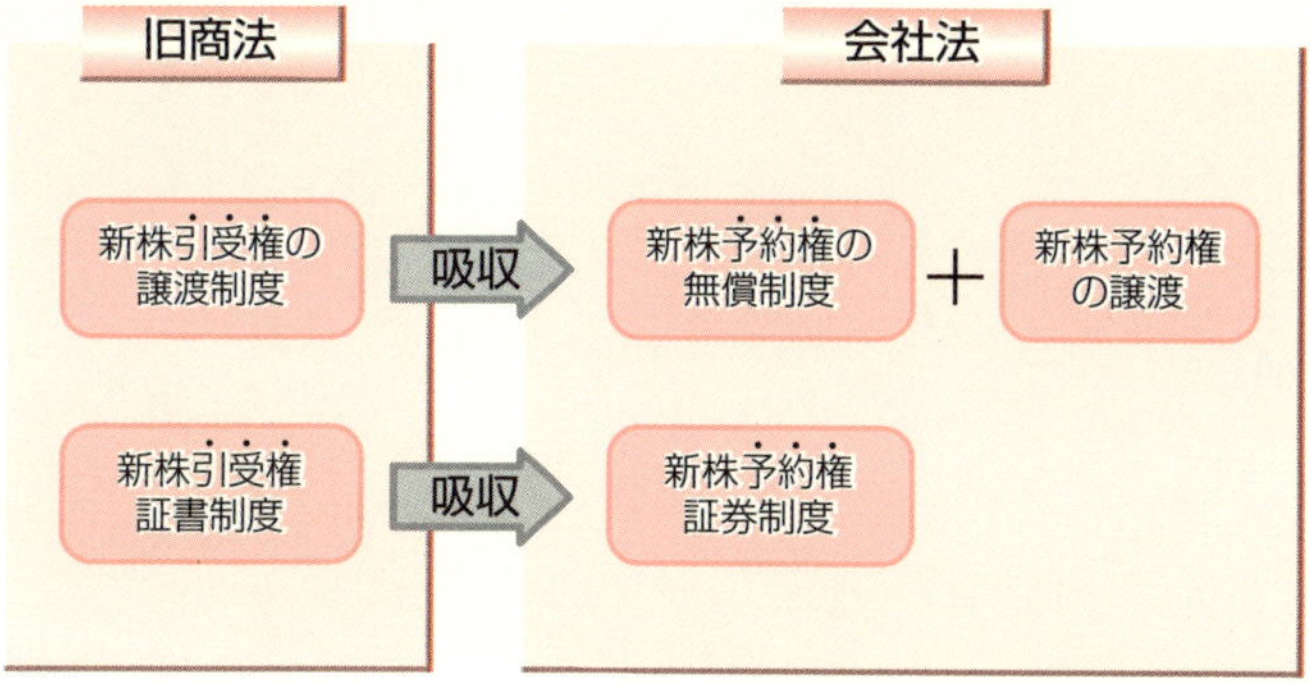

新株引受権制度（旧商法）と新株予約権制度（会社法）

7条）新株予約権を無償で発行し、その上で新株予約権の譲渡はこれを新株予約権証券の交付により行なうものとすること（255条1項）で、新株引受権証書制度を新株予約権証券制度に吸収したのです。

＊**新株引受権**　会社が新株発行をする場合に会社から優先的に新株の割当を受けられることを確保する権利

＊**新株予約権**　株主が会社に株式の割当を強制する形成権（148ページの用語解説参照）

新株発行の公告・通知

旧商法では、新株発行には公告または通知が必要とされていました。例えば、上場会社が新株の募集を行なうときに、証券取引法に基づき有価証券届出等を提出する場合でも同様です。このように別の手続で事足りる場合にも公告・通知をしなければならないということは、事務手続の重複もあり、煩雑になり経済的コストの面からも問題視されていました。

そこで会社法は、株式会社が、払込期日の2週間前までに、証券取引法に基づく届出等により情報開示がなされている場合には、会社法に基づく公告・通知（201条3項4項）が不要になりました（201条5項）。

27講 株主その他

ポイント

◎基準日後に株式を取得した者も、会社の判断で、議決権行使が可能に
◎株主の個性に着目して、議決権や剰余金の分配について、定款に別段の定めを置くことができる

議決権に関する基準日

「基準日」とは、会社が設定する一定の日のことです。株主が議決権を行使したり、剰余金配当を受けるなど、株主として権利を行使する者を定めるために設定します（124条1項）。

基準日が定款で設定された場合は、原則、基準日現在に株主名簿に記載されている株主

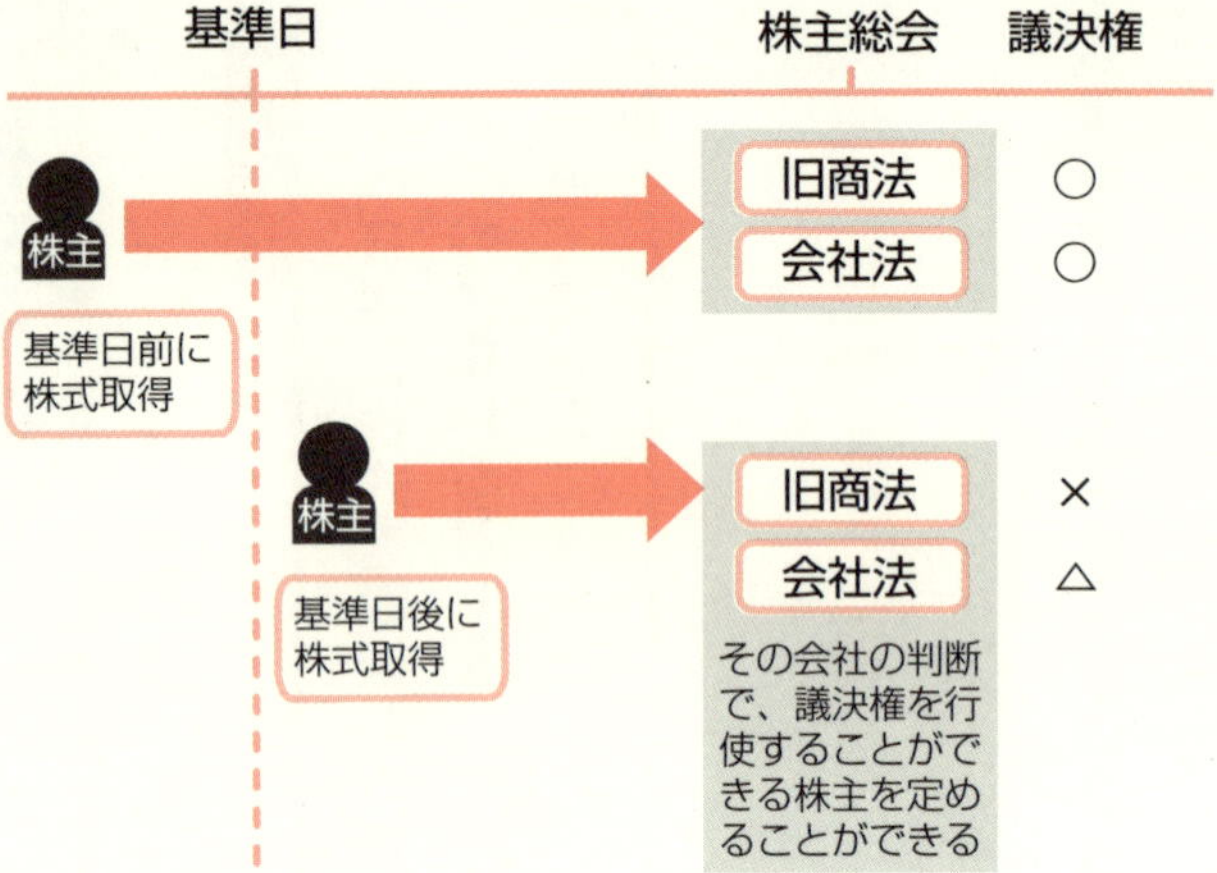

基準日後に株式を取得した株主の議決権

が、その決算期に開かれる定時株主総会で議決権を行使できます。しかし、実際には基準日後に取締役会で新株が発行されることもあり、これまでは、新株主が定時株主総会で議決権を行使できるかが問題になることがよくありました。

この点について旧商法は、規定を置いていなかったのです。基準日制度は、基準日に株主名簿に記載されている株主を議決権を行使できる株主と定める制度であり、定款に別段の定めがあり、会社が許容しないかぎり、基準日後に株式を取得した株主は、その基準日にかかる株主総会では議決権を行使できないのは当然とされてきたのです。

この点について会社法は、基準日を設定

した場合でも、会社の判断で、基準日後に株式を取得した者の全部または一部について議決権を行使することができる株主と定めることを可能としました（124条4項）。

配当に関する基準日（日割配当の排除）

旧商法の下での実務では、新株に対する配当は日割配当とする扱いがなされていました。それは、配当は投下資本の稼動期間に応じてなされるべきだとする考えに基づくものです。しかし、利益配当は必ずしも、当該営業年度の利益を基準に決められるわけではありません。日割配当が必ずしも合理的とは限らないのです。

会社法は、日割配当という考え方を採用していません。基準日現在の株主は、株式の発行時期にかかわらず、同一に配当その他の財産、株式の割当を受けることとしたのです。

議決権・剰余金の分配等に関する別段の定め

旧有限会社法では、「出資1口につき1議決権」を原則としていました。反面、株式会社とは異なって、定款で別段の定めをすれば、利益配当、議決権の数等につき、異なる扱いができるものとされてもいました。

別段の定めは、株主の個性に着目した定め

例

「特定の株主についてのみ議決権を与える」

「株式数にかかわらず剰余金は頭割りで分配する」

「特定の株主については保有株式数以上の分配をする」

別段の定めの例

これに対して会社法では、有限会社制度が株式譲渡制限会社制度と実質的に統合されることになります。株式譲渡制限会社においては、議決権、剰余金の分配等について定款で別段の定めを置くことができます（１０９条２項）。このような別段の定めとしては、例えば、「特定の株主についてのみ議決権を与える」とか、「株式数にかかわらず剰余金は頭割りで分配する」とか、「特定の株主につしては保有株式数以上の分配をする」という定め等が考えられます。

別段として盛り込まれる定めは、株主の個性に着目した定めであり、株式に着目したものではありません。種類株式制度とは異なりますが、このような定めを置いた場合には、その定めごとに、種類株主とみなして、法定種類株主総会の制度などが適用されます（１０９条３項）。

28講 新株予約権

ポイント
◎無償・有償に関係なく、割当日に新株予約権についての規制を受ける
◎新株予約権の消却は、会社による新株予約権の取得と自己新株予約権の消却に

新株予約権の発行手続の整備

新株予約権とは、権利者（新株予約権者）があらかじめ定められた期間内に、あらかじめ定められた価額を当該株式会社に振り込めば、その会社から一定の新株の発行を受けることができる権利のことを言います。

26講で説明したとおり、会社法では新株発行手続に関して、いくつかの見直しと合理化を行なっています。それに合わせて新株予約権の発行手続についてもいくつかの制度整備

と合理化を行なっています（238条以下）。

新株予約権としての規制時期

旧商法では、新株予約権が規制を受ける時期について1つの考えがありました。無償で発行される新株予約権については、その「割当時」から新株予約権原簿への記載、合併などによる承継等の規制を受けるものとしていました。また一方、有償で発行される新株予約権については、「払込期日」からそれらの規制を受けるものとしていました。

しかし実際には、有償の場合と無償の場合で区別する必然性がありません。会社法では両者を統一し、有償発行の場合も「割当時」から新株予約権としての規制を受けることになりました（245条1項1号）。

＊新株予約権　権利者が、あらかじめ定められた期間内にあらかじめ定められた価額を株式会社に振り込めば、会社から一定数の新株の発行を受けることのできる権利

新株予約権の消却

会社法では、株式の消却が、すべて自己株式の消却という制度に統一・整理されました（25講参照）。これにあわせて、新株予約権の消却についても、新株予約権の消却という1つの手続きではなく、「会社による取得条項付新株予約権の取得」（273条）＋「自己新株予約権の消却」（276条）として整理されました。

また、新株予約権を発行会社自らが取得することに際しては、発行会社の株式を対価として、発行会社の株式を交付することが認められました（236条1項7号ニ）。さらに、発行会社の株式ほか、社債、他の新株予約権、新株予約権付社債またはその他の財産を対価とすることも認められました（同ホないしチ）。

とくに、新株予約権の取得に際しては、株式を対価とすることが可能になったので、実務上の要請に応えられるようになりました。例えば、この手続きを新株予約権付社債で行なう場合、会社が新株予約権付社債を強制取得＋消却して、その対価として株式を交付することができます。そうすると、いわば強制転換条項付新株予約権付社債（取得条項付新株予約権付社債）の機能が認められることと同等になり、会社側が転換権を有する制度として

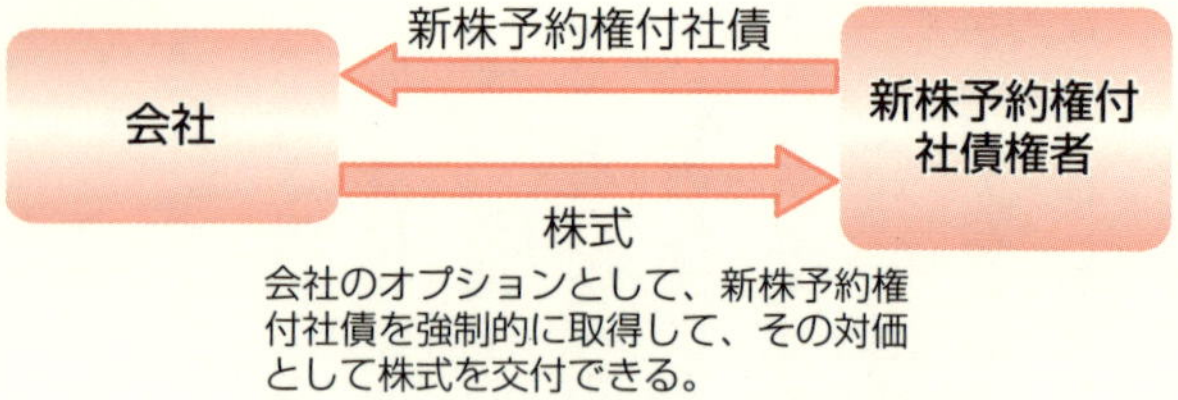
新株予約権付社債
会社
新株予約権付
社債権者
株式
会社のオプションとして、新株予約権付社債を強制的に取得して、その対価として株式を交付できる。

強制転換条項付新株予約権付社債の機能

活用できることになります。

自己新株予約権行使の禁止

このように会社法は、自己新株予約権の取得を認めていますが（273条以下）、その上さらに発行会社による自己新株予約権の行使を認めると、会社資金による株式の払込を可能にしてしまいます。これを避けるために、会社法は、発行会社による自己新株予約権の行使の禁止を明文化しています（280条6項）。

29講 社債発行の自由化・円滑化

ポイント
◎有限会社型株式会社（取締役会非設置会社）も社債発行が可能に
◎社債の機動的な「シリーズ発行」が可能に
◎応募額に足りなくても社債は成立する（打切発行）

社債発行の自由化

(1) 有限会社型株式会社も社債の発行ができる

旧商法の下で有限会社は、社債を発行することができませんでした。しかし、会社法は、従来の有限会社に相当する取締役会非設置会社（いわゆる、「有限会社型株式会社」）も社債を発行することを認めています。

社債の発行を定めているのは676条です。ここでは、社債の発行について取締役会の決議を要求していません。つまり、取締役会非設置会社でも社債を発行することができるということです。

ただし、取締役会設置会社では、社債を引き受ける者の募集に関する重要な事項について定める権限は取締役会がもちます（362条4項5号）。

＊社債　株式会社が債券発行の方法によって負う債務であった、公衆から巨額かつ長期の資金を調達する手段として発行されるもの

(2)　合同会社、合資会社、及び合名会社も社債を発行できる

会社法の第2条1号は株式会社と持分会社（合同会社、合資会社、合名会社の総称）を「会社」として総称しています（38講参照）。そして、持分会社が社債を発行できるようになりました。それは、募集社債に関する事項を示している676条が募集社債を発行できるのは「会社」としているところからわかります。

また、特例有限会社（旧法の下で設立した有限会社が会社法施行後も経過措置により、「有限会社」の文字を使用したまま株式会社として存続した会社（整備法2条、3条）。2講参照）も社

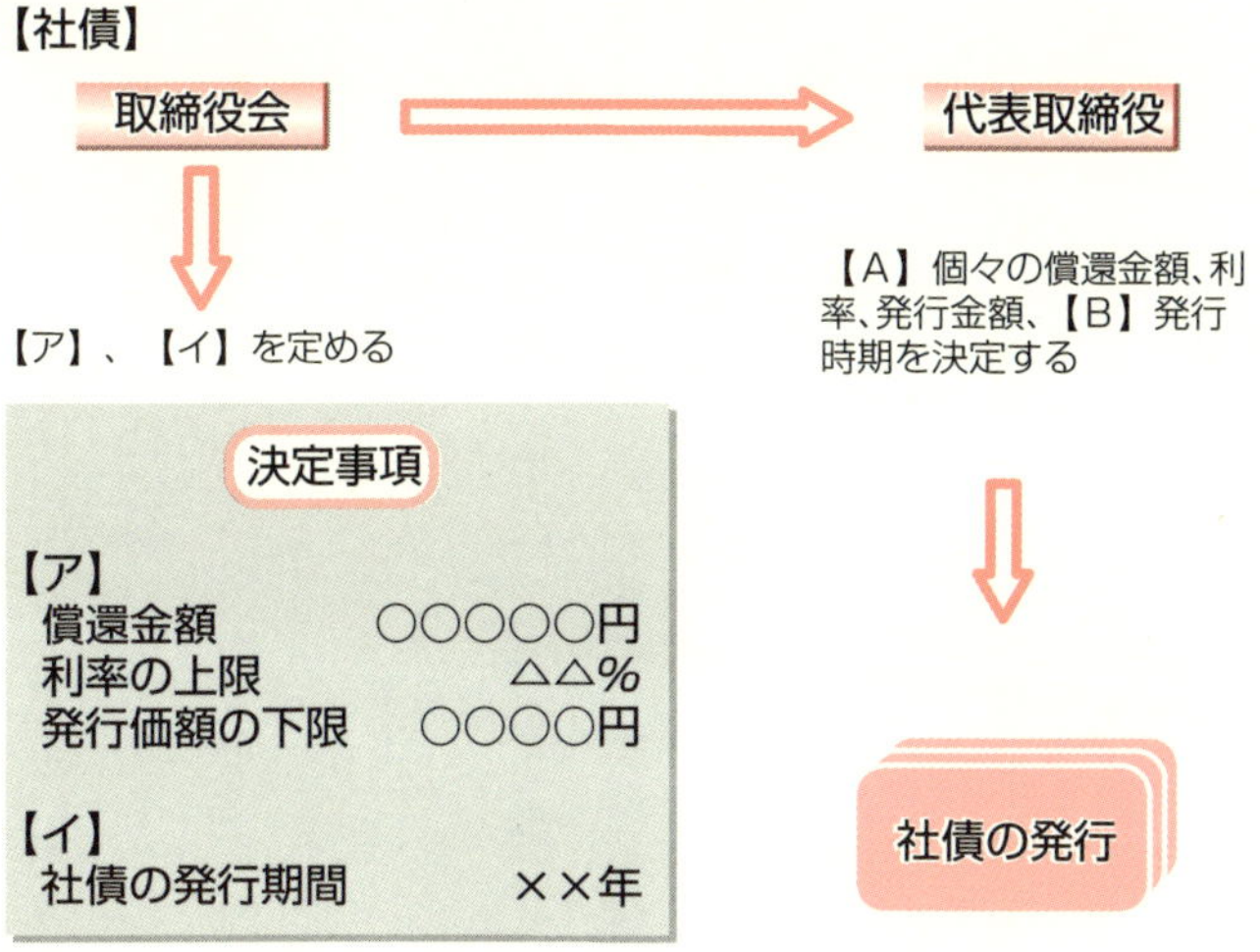

社債の機動的な発行

債を発行することができます。

機動的な社債発行

取締役会を設置した株式会社では、社債の発行は、上の図に示す手順で決定します。

まず、取締役会が【ア】償還金額及び利率の上限、社債の発行価額の下限と、【イ】社債を発行することのできる期間を定めます。続いて、代表取締役が【A】償還金額、利率、社債の発行金額、【B】個々の発行時期についての決定するのです。

これによって、発行する社債の総額などを取締役会で決めた後、代表取締役が複数回に分けて社債発行を行なうという機動的な「シリーズ発行」が可能になります。

この点は、会社法に明確な規定はありませんが、362条4項5号は、「取締役会設置会社において、676条の掲げる事項その他社債を引き受ける者の募集に関する重要な事項として法務省令に定める事項は取締役会で決定しなければならず取締役に委任できない」

としています。このことから、今後、法務省令で、【ア】償還の金額及び利率の上限、社債の発行価額の下限と【イ】社債を発行することのできる期間が、「取締役に委任できない重要な事項」とされ、結果的にその取締役会の決定事項の範囲内でシリーズ発行が認められるようになると考えられます。

打切発行

旧商法の下では、社債の応募額が社債総額に達しない場合、応募額のあった部分だけで社債を成立させること（打切発行）を社債申込書の用紙に記載しない限り、社債全部が不成立となってしまいました。しかし、応募不足の場合に社債全部を不成立にする原則論については、従来から論理的根拠に乏しいと指摘されていました。新株発行の場合には打切発行が認められているのですが、このこととの整合性がとれないという指摘もありました。

そこで、会社法は、応募額のあった部分だけでも社債が成立すること、すなわち社債の打切発行を認めることにしたのです。

30講 社債管理者の責任拡大

ポイント

◎損害賠償責任などで社債管理者の責任が拡大し、社債権者の保護強化がなされた
◎「社債管理会社」（旧商法）から「社債管理者」（会社法）へ
◎訴訟行為等を社債管理者は、社債権者集会の決議なくして行なえる

社債の管理

通常、社債権者の数は多く、資金は巨額になります。そのため、社債の管理は簡単にはできません。そこで社債発行会社は、社債の管理業務を銀行や信託銀行などの社債管理者に委託することになります（702条、703条）。

社債管理者（会社法は、旧商法下の「社債管理会社」から「社債管理者」に名称を変更した）は、社債権者のために、公平かつ誠実に善管注意義務をもって社債の管理を行なう義務があります（704条1項）。

会社法は、このような社債管理者の責任を拡大し、社債権者の保護を十分なものとしました。

社債管理者の損害賠償責任

社債管理者は、法律や社債権者集会の決議にしたがわなかった場合、生じた損害を賠償する責任を負っています。損害賠償の対象は、次のようになります。

(1) 支払い停止後に受けた弁済の受領も損害賠償の対象

旧商法では、「社債発行会社の支払停止等から3カ月前」までにおける社債管理会社の弁済の受領等が損害賠償の対象となっていました。それを会社法では、社債管理者の責任の範囲を拡大し、これに加えて、「支払の停止後」の弁済の受領等についても、損害賠償の対象としました（710条2項）。

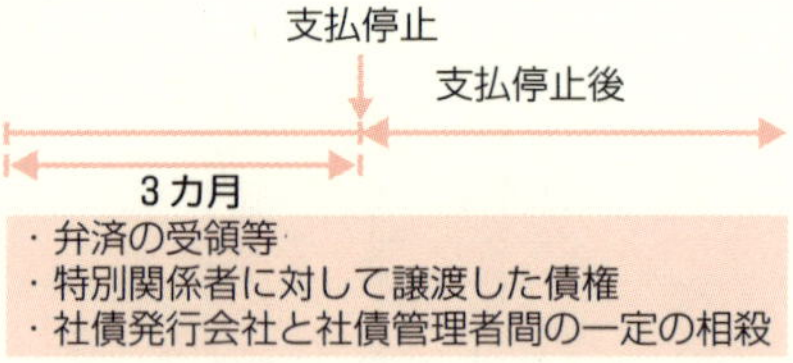

支払停止後まで及ぶ損害賠償の範囲

通常、支払停止後のほうが社債発行会社の財務状況は悪化しています。旧商法では、この支払停止後における社債管理者の損害賠償について明文化されていなかったのです。

(2) 社債管理者の子会社等に譲渡した債権も損害賠償の対象

また、社債発行会社の支払停止の後、またはその前3カ月以内に当該社債管理者と法務省令で定める特別の関係がある者（例えば、子会社等）に対して、社債管理者がその有する債権を譲渡することについても損害賠償の対象とすることとしました（710条2項2号）。

(3) 社債発行会社と社債管理者の間における一定の相殺も損害賠償の対象

社債管理者が、発行会社の支払の停止等の後またはその前3カ月以内に、社債発行会社との間で行なう一定の相殺についても、損害賠償の対象としました（710条2項3号）。

社債管理者の辞任

旧商法の下では、社債管理会社が辞任するには、原則として社債発行会社及び社債権者集会の同意が必要とされました。ここには、社債発行会社が債務不履行に陥り、社債管理会社との間の利益相反が先鋭化したような場合でも、時機に応じた辞任ができないという問題がありました。

会社法はこの問題を解決する内容を取り入れています。両者間で交わした社債管理委託契約に定める事由が生じた場合には、社債発行会社及び社債権者集会の同意がなくても辞任ができるようになりました（711条2項）

ただし、社債管理者が辞任すると、当該社債について管理する者がいなくなるときは辞任できないとされています。管理事務を引き継ぐ社債管理者をあらかじめ定めなければなりません（711条2項但書）。

やむを得ない事情があるときは、裁判所の許可を得て辞任する道も残されています（711条3項）。

＊社債権者集会　同じ種類の社債権者で構成され、社債契約の内容の変更など社債権

社債管理委託契約に定め

↓

訴訟行為等が可能に

社債管理者による迅速な事務処理

者の利害に重大な関係を有する事項につき決定をなす臨時的な合議体

社債管理者の権限強化

社債管理者の訴訟行為及び法的倒産処理手続

社債管理者の「訴訟行為及び法的倒産処理手続に属する行為（破産手続、再生手続等）」については、旧商法の下では社債権者集会の決議が必要とされていました。そのため、行為の迅速性や低コストでの手続ができないという問題が指摘されていました。

そこで会社法では、一義的に社債権者集会の決議を必要としなくてもいいように改められています。社債発行会社と社債管理者が交わす社債管理委託契約において、社債権者集会の決議によらなくても、社債管理者が「訴訟行為及び法的倒産処理手続に属する行為（破産手続、再生手続等）」を行なうことができると定めている場合には、社債権者集会の決議を不要としました（706条1項2号、676条

8号）。

31講 社債その他

ポイント

◎社債権者集会の法定決議事項以外の決議に対する裁判所の審査は決議後のみに
◎社債の銘柄統合が可能に
◎社債の譲渡方式は株式と同様とすることが明確に

社債権者集会

旧商法の下では、社債権者集会は、商法上定められている事項の決議のほかに、裁判所の許可（事前の裁判所の許可）を得て社債権者の利害に重大な関係を有する事項について決議することができるとされていました。手続に裁判所を関与させることで多数決の濫用の防止を図っていました。

社債権者集会の決議は裁判所の認可（事後の裁判所の認可）によってその効力を生じます。決議が著しく不公正なときや決議が社債権者の一般の利益に反する場合等には、決議そのものを許可できないとされていました。

このように、多数決濫用の弊害等を防止する目的があったにしても、法定決議事項以外については決議前と決議後の二重の審査を裁判所に要求することは、過剰な規制であると指摘されていました。

会社法では、この点を考慮し、社債権者集会は、会社法に規定する事項および社債権者の利害に関する事項について決議することができるとのみ規定しています（７１６条）。裁判所の二重の審査については、決議前の許可制度は廃止され、決議後の認可制度に絞ることとなりました（７３２条）。

銘柄統合

「社債の銘柄統合」とは、すでに発行した社債と同一の発行条件（発行価額、社債総額などを除く）で新たに社債を発行し、同一の利払日の翌日をもって、すでに発行した社債と統合して、同日以降、同一の銘柄として取り扱うことを言います。

銘柄統合によって、社債の発行ロットが事後的に拡大し、流動性を向上させることが可能となります。ただ、旧商法下では、このような銘柄統合が可能か否かが不明確でした。

会社法は、銘柄統合についての条文を整備し、明確化しました。

①既発行の社債と同一の種類の社債を発行すること

②既発行であって種類の異なる社債の内容を、社債権者集会の決議に基づいて変更し、それらの異種の社債を同一とすること

によって、社債の銘柄統合ができるようになったのです（681条1号、2号）。

社債の譲渡

会社法では実務の実態に合わせて、社債、新株予約権付社債の権利

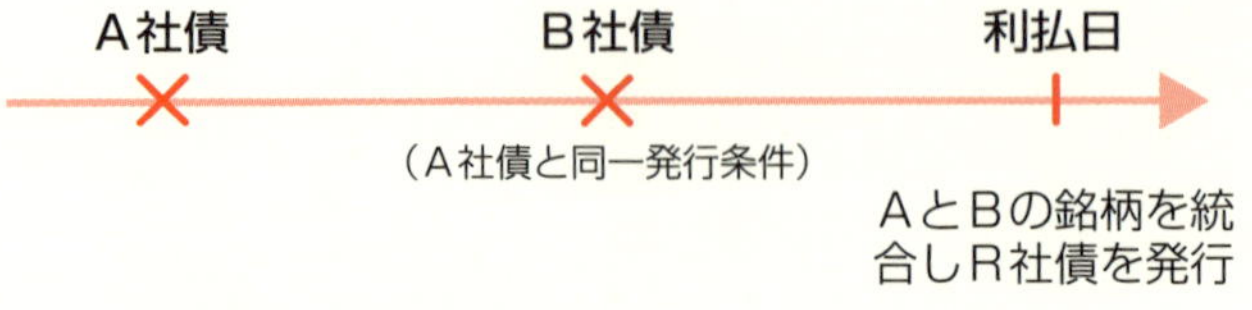

事後的に社債の発行ロットを大きくする銘柄統合

移転の効力要件や対抗要件等について「株式と同様」の取扱いとすることが明確になりました。つまり、社債は、

①社債の移転には社債券の交付を必要とし、
②社債原簿に氏名住所等を記載しなければ会社に対抗できず、
③社債券の占有により権利が推定され、
④善意取得が認められる

というように、その譲渡において株券と同様の扱いがなされます（687条乃至689条）。また、社債券についても株券同様、不発行が原則で、社債券を発行する場合には定款で定めをおくことが必要です（676条6号等）。

第5章 会社財産の払戻・分配

32講 会社財産の払戻についての横断的な規則

ポイント

◎払戻制度の統一的把握～会社財産の払戻は「剰余金の分配」に

会社財産の払戻制度には、「利益配当」「中間配当」「資本及び準備金の減少に伴う払戻」「自己株式の買受」がありますが、旧商法の下ではこれらはそれぞれ別個の制度としていて、財源規制も異なっていました。

これに対し会社法は、会社財産の払戻の制度を統一的に把握することにしています。

これまで「資本」は財源として払戻を行っていたもの、「利益」を財源として払戻を行っていたものについて区別をやめ「剰余金の分配」として整理し、統一的な財源規制を課すことにしたのです。

もっとも「自己株式の買受」であっても、

①合併、会社分割及び事業全部の譲受により自己株式を取得する場合

②合併、会社分割、株式交換、株式移転、事業譲渡及び事業譲受の際の反対株主の買取請求に応じて買い受ける場合

③単元未満株の買取請求に応じて買い受ける場合には財源規制はかからないとされています。

＊会社財産の払戻に対する財源規制

会社債権者を保護するための規制のひとつ。会社債権者にとってみれば、会社財産の払戻は、自らの担保となる財産の減少を意味する。会社法は、流出財産を限定することによって、会社債権者を保護しようとしている。

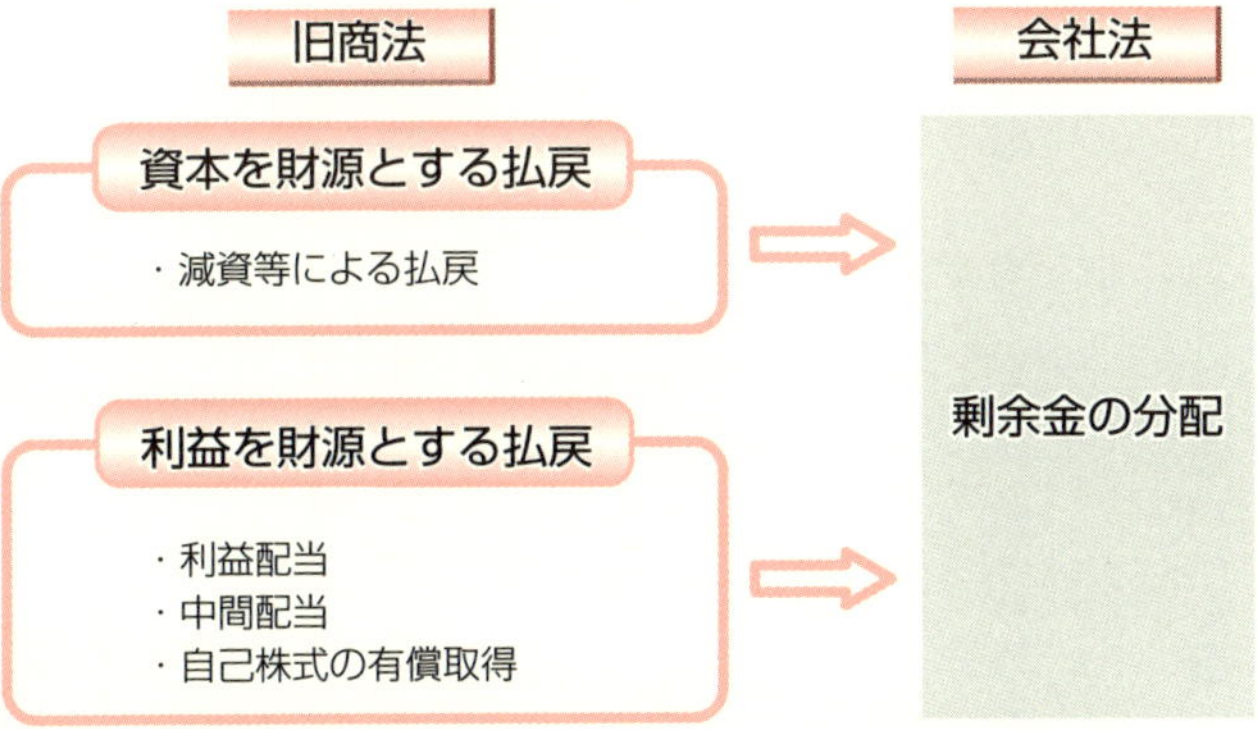

「剰余金の分配」の考えのもとに統一的な財源規制

33講 分配可能額の算定方法

ポイント

◎わかりやすい「最終の貸借対照表上の自己株式の価額等及び当期に分配した金銭等の価額を控除して計算する方法」を算定方法に採用

◎純資産額が３００万円未満の場合、配当は許されない

分配可能額の算出のしかた

従来の分配可能額は、「最終の決算期の貸借対照表における準資産額から資本等の額を控除する方法」で計算されていました。

これに対して会社法は、従前の方法を廃し、「最終の貸借対照表上の自己株式の価額等及び当期に分配した金銭等の価額を控除して計算する方法」を採用することにしています。こ

れは、分配可能額の算定方法をわかりやすいものにしたいという考え方によるものです。もっとも、この計算方法の変更によっても、分配可能額自体に増減は生じません。実務上、改正前と大きな違いが生じることはないものと思われます。

純資産額が300万円未満の場合、配当されない

また、会社法では、純資産額が300万円未満の場合には、たとえ剰余金があっても、配当はできないこととされています。

これは、会社法において最低資本金制度が廃止されたため、無条件な配当を許すと会社債権者を害するおそれがあることを懸念して設けられた制度です。

34講 剰余金の分配方法

ポイント

- ◎株主総会によれば、いつでも剰余金の配当が可能
- ◎株主総会の特別決議で、現物配当も可能
- ◎定款によって剰余金の分配を取締役会の決議にかけることも可能に

剰余金の分配手続の改正

剰余金の分配方法については、従来、定時株主総会で利益処分案として決議される「期末配当」と「中間配当」の2回までしか行なえませんでした。

これに対して会社法は、定時・臨時にかかわらず、株主総会の普通決議があれば、原則として、いつでも「剰余金の分配」ができるとすることにしました（このように、剰余金の

分配は株主総会決議があればいつでも行なえることになりましたが、依然、取締役会設置会社については取締役会の決議により実施される、旧商法の下の中間配当に相当する制度も維持されています)。

いわゆる四半期配当が可能になったのです。

もっとも、次に示す2つの配当をなすには、株主総会の特別決議が必要とされています。

＊中間配当　決算期にではなく、営業年度の途中で行う配当のこと。会社法は、取締役設置会社では1営業年度の途中に1回に限り、取締役会の決議によって剰余金の配当を行う旨、定款に定めることができるとしている。ただし、この方法では現物配当を行うことはできない。

①現物配当を行なう場合

会社法では、現物配当（金銭以外の財産での配当のことです）が明文化されました。

現物配当の場合、受け取る株主にとっては、それがすぐに換金できるのかという点が重大な関心事項になります。そこで、会社法は、現物配当の可否について、株主の権利を保護するために株主総会の特別決議にかけることにしたのです。

②市場取引・公開買付以外の方法によって特定の者から自己株式を有償取得する場合

これは旧商法にあった同趣旨の規定を踏襲したものです。

取締役会決議による剰余金の分配が可能に

前述のように、剰余金の分配は株主総会決議で行なうのが原則です。

しかし、会社法はさらに、①会計監査人を設置し、②取締役の任期が1年である会社について、定款をもって剰余金の分配を取締役会の決議をもって実施できる旨定めることができるとしています。

ただし、株主総会で特別決議が必要とされる2つの場合（①現物配当と②市場取引・公開買付以外の方法によって、特定の者から自己株式を有償取得する場合）については、いかに分配を取締役会で決することができると定款で定めようとも取締役会の決議で決することはできません。

35
講

合併対価の柔軟化

ポイント

◎「合併対価の柔軟化」で三角合併やキャッシュ・アウト・マージャーが可能に

◎「合併対価の柔軟化」の実施は会社法施行日より1年経過以降

会社法では、「吸収合併」「吸収分割」「株式交換」を行なう場合は、消滅会社等の株主に対して、金銭その他の財産を交付することを認めることにしています。これにより、三角合併（消滅会社の株主に、親会社の株式を交付する合併のことです）やキャッシュ・アウト・マージャー（金銭のみによる合併のことです）が可能になります。

ここで注意したいのが、三角合併ができるようになると、外国企業が、現金を用いずに日本企業を子会社化できるということです。このような外資による敵対的買収の危険を憂

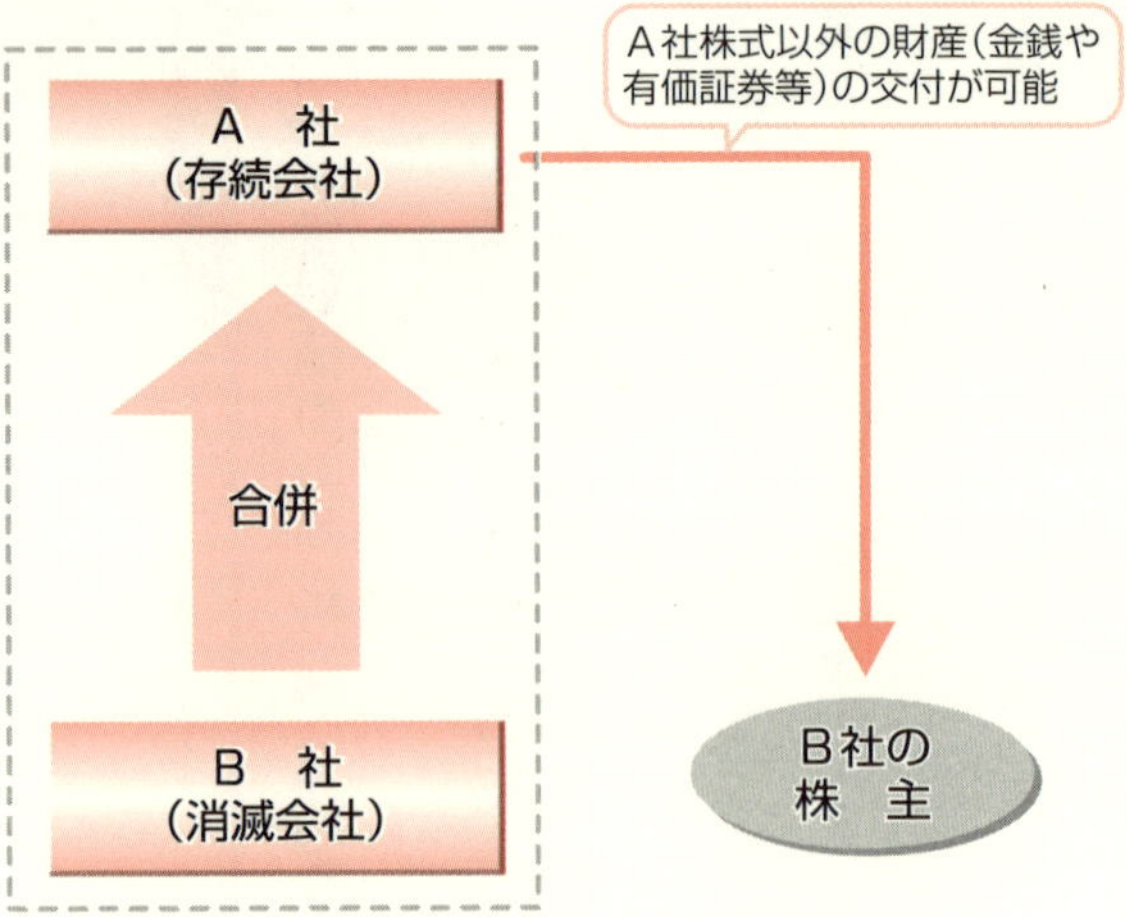

消滅会社の株主に株式以外の財産を交付

慮して、合併対価の柔軟化については、施行が会社法施行日より1年経過して以降とされました。

＊合併対価

合併等によって消滅する会社（消滅会社）の株主に対し、消滅会社株の対価として交付されるもののこと。従来、合併対価については、「吸収する側の会社（存続会社）の株式が含まれていなければならない」との取扱がされていた。会社法はその点を改め、「合併対価」すべてについて、金銭であったり、全く第三者の株式としたりしてもよいことにした。

第6章 その他の改正

36講

略式組織再編、簡易組織再編

ポイント

◎略式組織再編の新設～特別支配関係にある場合、被支配会社の組織変更には株主総会の決議不要

◎簡易組織再編の要件緩和～一定規模以下の組織変更には株主総会の承認不要

略式組織再編行為

一方の会社が他方の会社をほぼ完全に支配しているような関係（「特別支配関係」といい、支配会社が被支配会社の総株主の議決権の9割以上を保有している関係のことをいいます）にある会社間で組織再編行為を行なう場合、被支配会社において株主総会を開催しても、支配株主の意向に沿わない決議がされる可能性はないと考えられます。

会社法

被支配会社の議決権の9割以上を支配している会社間の組織再編行為については、被支配会社の株主総会決議は不要（略式組織再編行為制度の創設）。

略式組織再編制度の概要

そこで、会社法は、特別支配関係にある場合に、被支配会社における株主総会の決議を不要とする組織再編行為、すなわち「略式組織再編行為」を新設し、その要件効果を明確に示しています。この制度の利用により、企業再編にかかる時間と費用が軽減されることが期待されています。

簡易組織再編行為

「簡易組織再編行為」というのは、法の定める一定規模以下の組織の再編行為を行なう場合に株主総会の承認を不要とすることを認めるものです。この行為については、旧商法にも規定がありました。しかし、より迅速に組織再編を行なえるようにしようという時代の要請がありました。

この要請に沿って、会社法では簡易組織再編行為の要件について、資産割合を大幅に減少させる等、要件を緩和し、より使いやすい制度に変更しています。

次ページの図に概略を示しています。

＊簡易組織再編行為　「合併」「株式交換」「会社の分割」「他の会社の事業全部の譲受（営業譲渡）」の4つの場合に認められる。いずれも、経済情勢の急激な

再編手法	対象会社	会社法 要件
合併	存続会社	対価として交付する「株式の数の発行済株式総数に対する割合」と「株式以外の財産の純資産額に対する割合」の合計が20%以下
株式交換	完全親会社	
分割	承継会社	
	物的分割の分割会社	承継させる資産が分割会社の総資産の20%以下
営業譲渡	営業全部の譲受会社	営業譲渡対価が譲受会社の純資産の20%以下
	営業の重要な一部の譲渡会社	譲渡する資産が譲渡会社の総資産の20%以下

簡易組織再編の「一定規模以下」の要件

変化にすばやく対応できるよう手続を簡略化している。「規模が小さかったり、財産状況が悪化したりしている会社を吸収する場合」「規模の小さい会社を完全子会社とするために株式交換をする場合」「分割会社に比べ、分割により設立する会社に移転する財産が小さい場合」「規模の小さい会社から営業譲渡を受ける場合」等にこの簡易組織再編行為を選択することが便利。

37講

通常清算手続の簡素化

ポイント
◎清算手続の迅速化、低コスト化をはかるための取組み
◎清算中の会社の機関設置を緩和
◎清算中の会社が債権者に行なう債権申出の公告は1回でたりる

清算手続については、かねてから実務界より、迅速かつ低廉なコストで行なえるようにとの要望がありました。会社法では、この要望に応え、清算手続きの簡素化、明確化を図っています。

清算手続への裁判所の関与

旧商法では、清算手続は裁判所の関与に服するものとされていました。

それに対して会社法は、清算手続は裁判所の関与に服するものとする規定を排除しています。また、加えて清算人の氏名等の裁判所への届出の制度も廃止しました。

また、旧商法では、清算株式会社の帳簿や清算に関する重要な資料については、清算結了登記後、本店所在地で10年間保存しなければならないとしていました。

しかし、会社法はこの点についても、原則として、帳簿書類は清算人が保存するものとしています。

清算中の株式会社の機関

会社法は、清算中の株式会社の機関について、次の点を規定しています。

①清算人会の設置は、義務づけない

②解散時に大会社であった株式会社、または解散時に譲渡制限株式会社でなかった株式会社では、監査役を1名以上設置することを義務づけ（監査役会やその他大会社の監査役に関する規定は適用しないこととされました）、この監査役の任期には定めはない

清算中の株式会社がすべき公告

会社法は、債権者に対する債権申出の公告の回数について1回で足りるものとしています。また、旧商法が義務づけていた清算中の株式会社の決算報告については、不要としました。

清算中の会社の目的はあくまで清算することにあります。利害関係人に清算中の会社の財務情報を開示する必要性は乏しいという考えがその趣旨です。

清算中の株式会社の債務の弁済

会社法は、旧商法に存在した清算中の株式会社の債務弁済の規定を削除しています。これによって、清算中の株式会社は、弁済期未到来債務を期限前に弁済すること自体は認められますが、その際、中間利息を控除することまでは認められないことになりました。

清算中の株式会社の配当等

(1) 残余財産分配の現物交付

会社法では、新たに、清算における現物による残余財産分配が認められ、明文化されました。この場合、株主は、分配を受けることのできる残余財産に代えて、その価格に相当する金額を金銭の分配で求めることもできるとしています。

(2) 会社財産の株主に対する払戻

清算会社は、会社債権者に対する債務弁済を完了した後、株主に対して残余財産を分配することができます。しかし、残余財産の分配以外の方法で、自己株式の取得その他の株式に対する金銭等の支払をすることはできないと明文化されました。

38講

新たに合同会社が認められる

ポイント

◎持分会社は、合名会社、合資会社、合同会社の総称
◎合同会社（出資者が有限責任であり、かつ、人的資源を活用する会社形態）が認められる
◎二重課税を受けない有限責任事業組合（民法上の特例）の活用

合同会社

「合同会社」というのは、会社法で新しく認められた会社形態です。合同会社は、時代の要請に応じて登場した形態です。

日本経済は近年、重厚長大産業のアジアへのシフト、サービス産業の雇用拡大が進む中

で、ＩＴ企業などの小規模で高収益をあげる人的組織が台頭してきています。ここでは、人的資源の重要性が指摘され、新しい企業形態として、人的資源を活用する会社組織の必要性が認識されてきました。

振り返って、旧態の株式会社制度を見てみると、そこは出資者が有限責任しか負わない代わりに、会社内部の組織上のルールについては強行規定が多数あり、原則的に出資者以外の者が経営者となります。

合名会社と合資会社においては、会社内部の組織のルールは、出資者自身による経営で、広く定款による自治が認められています。しかし、出資者全員または一部は、会社債権者に対して無限責任を負うというリスクもあります。

このように会社法制定以前の日本では、旧商法の下、出資者たる社員全員が有限責任でありながら、社員それぞれに業務執行権限があり、かつ内部的規律については、組合的規律がなされ、広く定款自治が適用される法人を設立することはできなかったのです。

これに対して会社法は、このような社員全員が会社債務について有限責任で、かつ組合的規律のなされる人的会社を考案し、「合同会社」として新しく認めることにしたのです。

会社法で規制（物的組織・持分会社）

		物的組織	人的組織	
			持分会社	組合
全社員・構成員有限責任		株式会社	合同会社	有限責任事業組合
無限責任	最低1人以上の無限責任社員・構成員		合資会社	
無限責任	全社員・構成員無限責任		合名会社	民法上の任意組合

それぞれの会社形態の概要

株式会社と持分会社

旧商法では、合名会社と合資会社に関してそれぞれ独立の章を設ける形で規定されています。それを会社法では、「合名会社」「合資会社」及び「合同会社」の3種の会社をまとめて「第三編　持分会社」として扱っています。そこでは、3種の会社に共通する規律については同一の規定を適用するものとしています。結局、会社法は「株式会社」と「それ以外の会社（持分会社）」の2つで構成されることになりました。

持分会社の中は、社員の責任の態様で分類されます。社員全員が無限責任である持分会社が合名会社、社員の一部が無限責任であり、それ以外の社員が有限責任である持分会社が合資会社、そして、社員の全員が有限責任である持分会社が合同会社ということになります。

持分会社間の組織変更

合同会社、合資会社及び合名会社の違いは、社員の責任態様の違いによります。したがって、社員の責任態様を変更し（583条）、定款変更等を行なうことで、3つの持分会社の間で組織変更することが可能です。

旧商法では、合名会社または合資会社から株式会社への組織変更は、株式会社との合併による方法だけが認められていました。しかし、合名会社・合資会社が定款変更で直接、株式会社に組織変更することは認められていませんでした。もし、行なうとすれば、一度組織を解散して後に、株式会社を設立するという迂遠な手続が必要だったのです。

会社法では、総社員の同意や債権者保護手続を要求する一定の手続のもと、持分会社から株式会社へと直接、組織変更を行なうことが認められています（743、747、775、781条）。

有限責任事業組合（日本版ＬＬＰ）

会社法で新設された合同会社においては、課税に関して議論があります。法人への課税はパススルーして、構成員のみ課税されることになる（パススルー課税）のか、あるいは、法人の事業益に課税し、加えて構成員にも課税されるのか、という議論です。趨勢としては、合同会社においてもあくまで法人にも課税する方向で検討され、パススルー課税は採用されないと言われています。

パススルー課税は、法人段階への課税に加えて、出資者への配当にも課税するという二重課税が回避できます。また、それだけではなくベンチャー事業などを行なう際に、初期投資による損失と出資者の利益との通算が可能となります。このことは、出資者の節税につながることもあります。リスクの高い共同事業へ参加しようとする出資者へのインセンティブを高めることが期待できるので、早い段階から採用されることが期待されていた課税法でした。

合同会社で期待した課税法がかなえられないならということで注目されているのが、有限責任事業組合です。この組合は「有限責任事業組合契約に関する法律」で認められた民法上の特例としての有限責任事業組合です。

有限責任事業組合というのは、法律上は民法上の特例による組合ですが、組織形態としては合同会社に類似しています。出資者の有限責任と組織内部の自治が認められています。ただ、課税については、法人格がない組合ですから組織には課税されず、出資者のみが課税対象になります。

もっとも法人格がないということで、有限責任事業組合は、他の会社類型へ組織変更ができなかったり、知的財産や許認可等の帰属主体となり得ないなどの問題もあります。長期的なビジョンの下で、将来的に事業を拡大・安定させたい場合には不都合があるが、この組合の利点や特徴を活かせるようなベンチャー企業等には、制度を濫用することなく、適切かつ活発な利用が望まれます。

39講

類似商号登記規制の廃止

ポイント

◎類似商号登記規制の廃止で、会社設立手続が簡略化される
◎定款における事業目的の記載の弾力的な取扱いが可能に

商号専用権の確保

旧商法19条は、同一市町村内において、同じか類似する商号の登記は禁止していました。すでに「株式会社ＡＢＣ」という商号の会社が登記されている地域では、その会社と同一の事業目的で、「株式会社ＡＢＣ」という商号を使って会社を設立し、登記することはできなかったのです。

また、商業登記法27条は、同市町村内においては、同一の営業のため他人が登記したも

のと判然区別できない商号は登記することができないと定めていました。

このように、旧法の下では、同一の市町村内においては、「同一の営業」を行なう場合には、「同一の商号」のみならず、「他人が登記したものと判然区別できない商号」も排除することで、既登記商号を有する法人の商号専用権を確保していました。

＊商号専用権　他の者が不正競争の目的をもって自己の商号と同一または類似の商号を使用する場合に商号権者がその使用を排除できる権利

類似商号登記規制の廃止

このような類似商号の規制は、同一市町村内にしか及びません。交通網の発達で企業活動も全国的な規模で展開されている時代に、1つの市町村内での商号専用権を確保することにどれだけの合理性があるのかという指摘もこれまでありました。

また、類似商号規制の制度を維持するためには、前提として、「同一の営業」(営業の同一性)が客観的に判然区別される必要がありました。このことから登記実務においては、定款記載事項及び登記事項とされる会社の事業の目的について、また、その記載方法について、きわめて厳格な運用がされていたのです。したがって、前例のない新規ビジネスや目新し

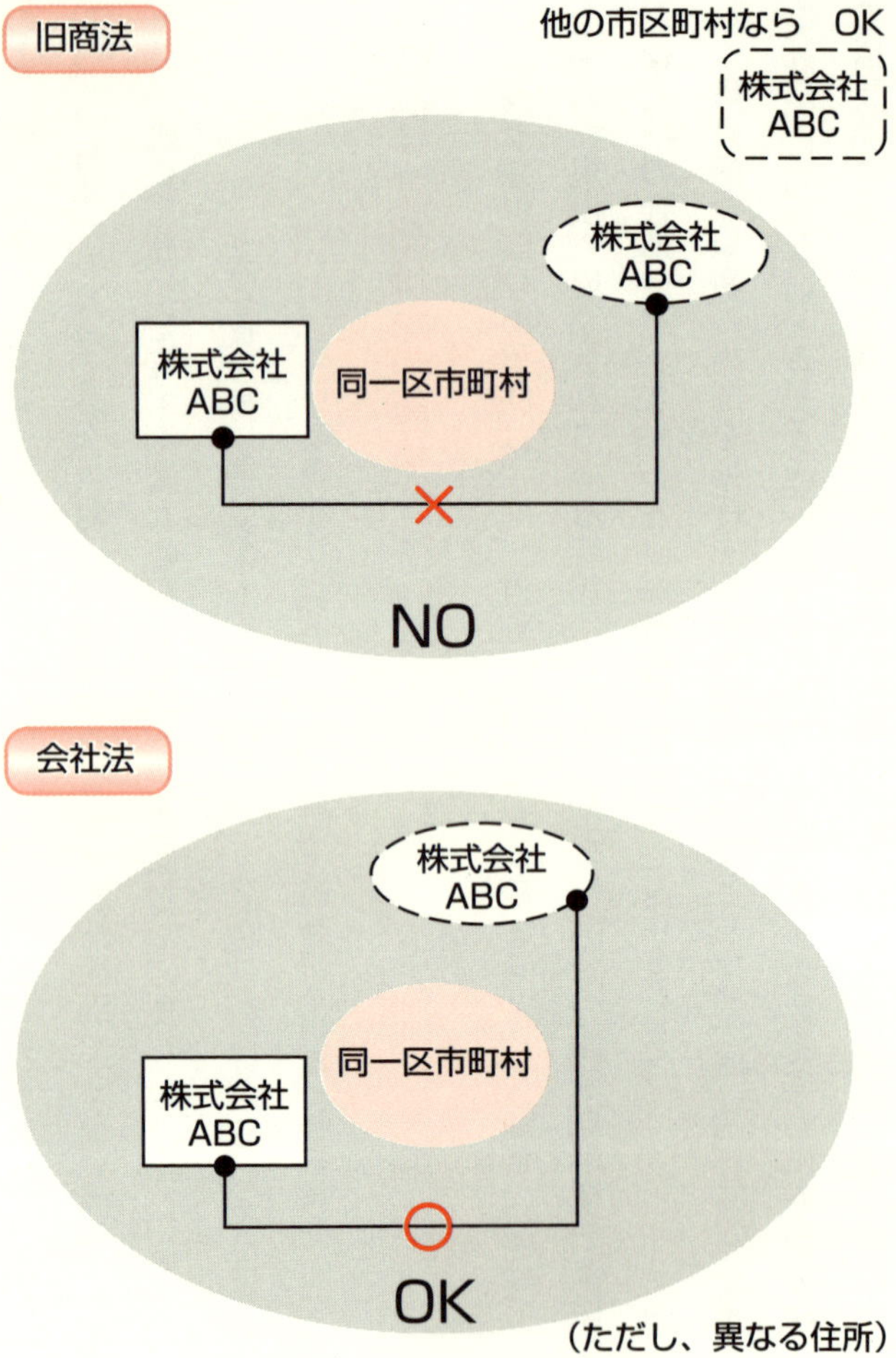

類似商号登記規制の廃止

い用語に関しては、それを登記することは認められ難い傾向がありました。結局、包括的かまたは迂遠な表現の商号とならざるを得ませんでした。

会社法は、このような類似商号登記の禁止制度を廃止しました。これで、同一市町村内においても同一の営業のため、同一または類似した商号を登記することが可能となったのです。こうなると、定款に記載する事業目的の表現についても弾力的な取扱いがなされるようになるでしょう。また、会社設立手続の際や本店を移転するときに、わざわざ移転先の法務局で類似商号に抵触する会社があるか否かの調査を必要としなくなり、会社設立手続が簡略化されることになります。

同一商号、同一住所の会社の存在は認めない

このように、旧商法19条及び商業登記法27条による商号に対する規制は廃止されました。これにより、同一市町村内においても同一営業のために、その商号と同一または類似の商号を登記できるようになったのです。

ただ、不動産登記等においては、法人は住所と商号によって特定されるとしていたので、同一商号・同一住所の会社が複数存在することを認めるのは適当ではないとしていました

ので、会社法下でも、同一商号・同一住所の会社の存在は認められません。

40講 不正競争目的の商号使用差止規制条項の廃止

ポイント
◎不正競争による商号の保護は、不正競争防止法で一律に規制することに
◎競業関係を前提としない不正目的の商号使用は会社法でも規制

旧商法20条の撤廃（不正競争防止法で一律に規制）

旧商法20条1項は、既登記商号を不正競争目的をもって使用することに対し、差止請求権と損害賠償請求権を定めていました。さらに2項は「同一市町村内」で「同一営業」のために他人の登記した商号を使用する者は、不正競争目的を有する者と推定されるとしていました。

もっとも、旧法の下で商号は、19条を除くと、20条のほかに21条及び不正競争防止法に

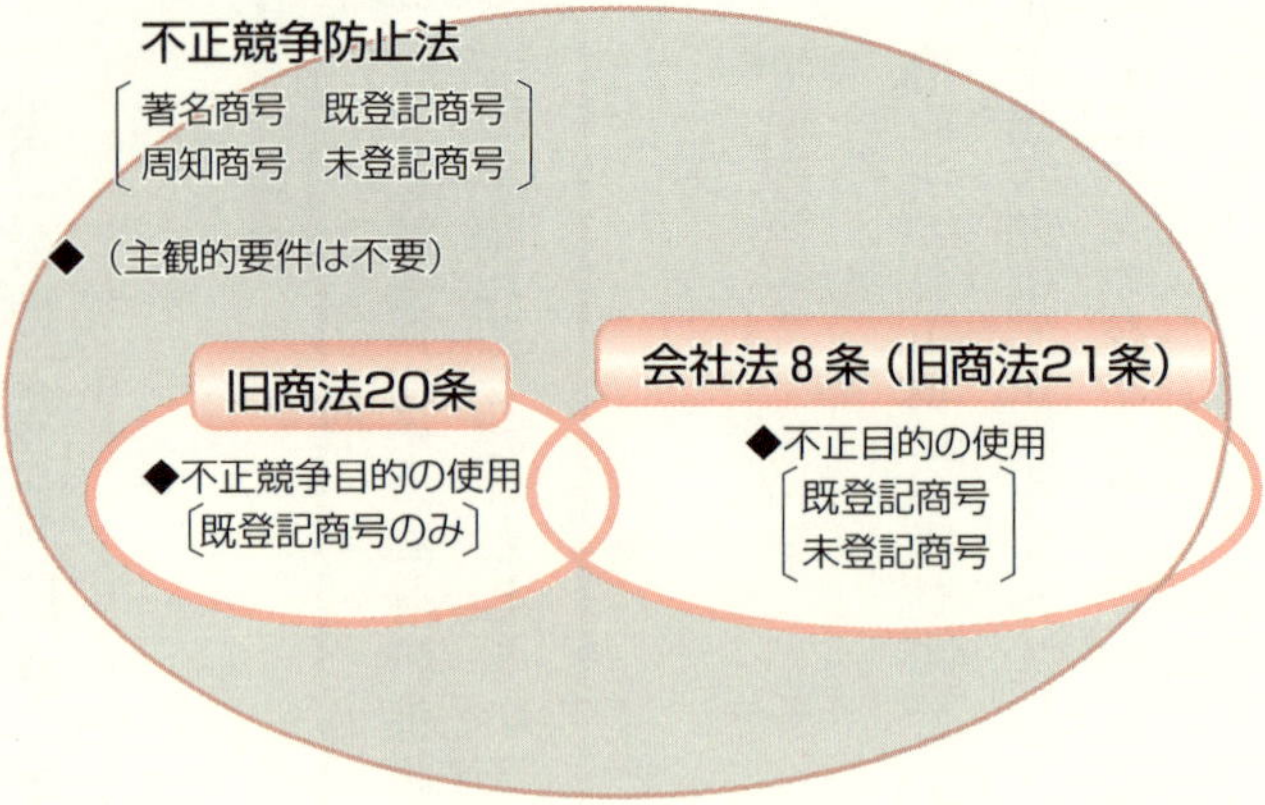

商号の保護に関する旧商法と会社法と不正競争防止法の関係

よって保護されていました。ただ、旧商法と不正競争防止法という2つの法律の保護範囲については解釈上不明確な点が多いと指摘されていました。

そして、以下のような比較からもわかりますが、不正競争防止法が整備されている以上、旧商法20条の存在意義は乏しいとの指摘が、これまでされていました。

①旧商法20条によって保護されるのは既登記商号に限られる一方、不正競争防止法の保護対象には、登記の有無を問わず、商号のほか、商標、標章、商品パッケージ等の表示も含まれる。

②旧商法20条で要件とされる不正競争目的の認定にあたっては当事者の営業が同種であ

ることを要するか否かについては、学説上争いがあった。この点、不正競争防止法上では不正競争目的という主観的要件をとらず、不正競争であるか否かについては、周知商号、著名商号に分けるなど客観的に整理されている。

③保護の態様については、旧商法20条が差止請求と損害賠償に止まるのに対し、不正競争防止法はさらに信用回復措置請求（新聞への謝罪文の掲載など）も認められている。

結局、会社法は、旧商法20条を廃止することにしました。

会社法にも継承される旧商法21条（会社法8条）の不正目的の商号使用規制

もっとも、会社法においても旧商法21条の規制内容は維持されました。

会社法8条1項は、「何人も、不正の目的をもって、他の会社であると誤認されるおそれのある名称または商号を使用してはならない」と規定し、2項で会社が侵害の停止または予防を請求できることも規定しています。また、損害賠償請求も可能であると解釈されています。

このように、会社法で旧商法21条の内容が維持されたのは、「不正の目的」が、「不正競争目的」と異なり競業関係を前提としていないためです。相手方が同一営業を営んでいるかどうかも問題としません。不正競争防止法は周知性ないし著名性を有さない限り保護の対象とされないのに対して、旧商法21条は、「不正競争目的」よりも守備範囲の広い「不正の目的」をもった他人の商号冒用を禁止しています。周知性、著名性がない場合でも保護の対象とすると考えられ、その意義が積極的に評価されたのです。

以上のように、商法20条の規制が廃止されたあとも、不正競争防止法及び会社法８条の規定によって商号は保護されることになります。

＊商号　商人が営業上の活動において自己を表示するために使う名称

41講

営業譲渡の競業禁止特約の自由化

ポイント

◎特約による競業禁止特約の地理的範囲の拡大（ただし、30年以内）

譲渡会社の競業避止義務

A社がB社に営業譲渡することがあります。このような場合に、譲渡会社であるA社が譲渡後も従来通り営業を行なうと、営業の譲受会社であるB社は営業譲渡の経済的価値を得られないことになります。通常、営業譲渡後は、譲渡会社は、原則として、競業避止義務を負います。AB間に特約がない限り、A社は同一市町村内及び隣接市町村内で、20年間は営業譲渡した営業と同一の営業を継続することはできません（21条1項）。

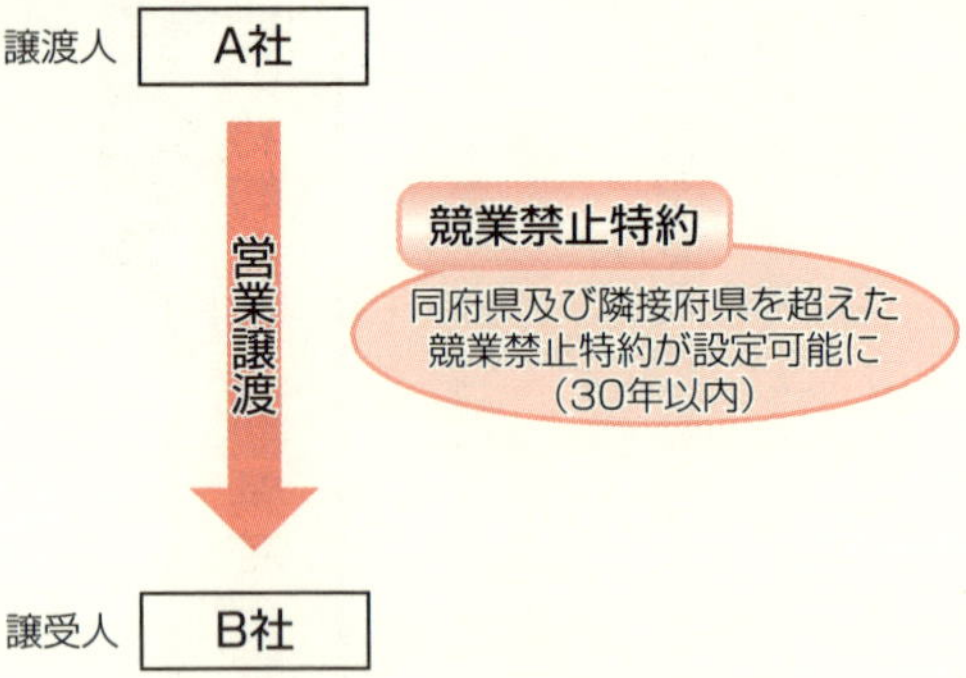

営業譲渡における競業禁止特約

特約による競業禁止の地理的範囲の拡大

ただし、競業禁止については、当事者間の特約により、競業禁止の地理的範囲を広げ、競業禁止の期間を延長することができます（21条2項）。旧商法の下では、当事者の特約で決められる競業禁止の地理的範囲については、同府県及び隣接府県内で、かつ、30年以内となっています。範囲を狭めることによって、譲受会社の営業の自由を不当に制約することがないようにするためでした。しかし現在は、企業活動の範囲は全国規模で広がることが多くあります。特約の効力を隣接府県の範囲内までという範囲は狭すぎるという批判がありました。

会社法は、当事者間の契約自治を認め、同府県及び隣接府県という限定を廃止し、地理的範囲については法律で制限を設けないことにしました。

このことから、譲受会社と譲渡会社は、競業を禁止する地理的範囲を自由に定めることができるようになりました。例えば、特定の地域のみでの競業を認めたり、禁止したりすることができます。また、譲渡会社が譲渡した営業と同一の営業を行なうことを完全に禁止することも可能です。

ただし旧商法の下では、競業禁止の期間を30年間という制限を超えない範囲で認めていましたが、この制限は会社法でも残ります（21条2項）。

＊営業譲渡　商人が営業活動をすることによって単なる個々の財産の総和以上の価値を有するようになった組織的財産を一個の契約によって移転すること

索引

索引

著者プロフィール

村上 智裕（むらかみ ともひろ）

弁護士（第二東京弁護士会）
1973年、愛媛県生まれ
中央大学法学部法律学科卒業
現在　田宮合同法律事務所所属
また、社会人を中心に法曹を目指すロースクールの学生の為の桐蔭法曹教育センター（六本木ヒルズ内）において商法及び会社法の講義と実務の演習・指導にあたっている。

千葉 理（ちば おさむ）

弁護士（第二東京弁護士会）
1963年、東京都生まれ
東京大学法学部卒業
三菱商事株式会社勤務
現在　曙綜合法律事務所所属
また、社会人を中心に法曹を目指すロースクールの学生の為の桐蔭法曹教育センター（六本木ヒルズ内）において商法及び会社法の講義と実務の演習・指導にあたっている。

新会社法 あなたの会社はこう変わる

2006年4月15日　初版第1刷発行
2006年9月10日　初版第2刷発行

著　者　村上 智裕・千葉 理
発行者　瓜谷 綱延
発行所　株式会社文芸社
〒160-0022 東京都新宿区新宿1－10－1
電話 03-5369-3060（編集）
03-5369-2299（販売）

印刷所　図書印刷株式会社

ISBN4-286-01027-9